Tesouros do Pico do Junípero

As Profundas Instruções de Tesouros
de Padmasambava à Dakini Yeshe Tsogyal

Tesouros do Pico do Junípero

As Profundas Instruções de Tesouros de Padmasambava à Dakini Yeshe Tsogyal

Registrado e ocultado por Yeshe Tsogyal

Extraído das revelações de Nyang Ral Nyima Özer, Rigdzin Gödem, Sangye Lingpa, Rinchen Lingpa, Dorje Lingpa, Jamyang Khyentse Wangpo e Chokgyur Lingpa

Traduzido do inglês para o português por
Marcelo Nicolodi
2015

original: *Treasures from Juniper Ridge*
08 Rangjung Yeshe Publications
nal em inglês traduzido e editado por: Erik Pema Kunsang & Marcia
der Schmidt

reitos desta edição:
2015 2AB Editora Ltda (Lúcida Letra é um selo editorial da 2AB Editora)

Editor: Vítor Barreto
Tradutor: Marcelo Nicolodi
Revisão: Ieda Estergilda, Heloísa Fiuza, Lia Beltrão
Projeto gráfico (miolo): Dayana Mota | Studio Creamcrackers
Projeto gráfico (capa): Guilherme Erhardt e Dayana Mota | Studio Creamcrackers

Dados Internacionais de Catalogação na Publicação (CIP)

P123t   Padma Sambhava, ca.717-ca.762.
       Tesouros do Pico do Junípero: as profundas instruções de
Tesouros de Padmasambava à Dakini Yeshe Tsogyal / [Padma Sambha-
va]; registrado e ocultado por Yeshe Tsogyal; tradução para o português
Marcelo Nicolodi. – Teresópolis, RJ: Lúcida Letra, 2015.
       256 p. ; 21 cm.

       Inclui bibliografia.
       Tradução de: Treasures from Juniper Ridge.
       ISBN 978-85-66864-18-2

       1. Budismo - Filosofia. 2. Budismo - Tibet (China) - Doutri-
nas. I. Tsogyal , Yeshe. II. Nicolodi, Marcelo. III. Título.

                                              CDU 294.3
                                              CDD 294.3923

Índice para catálogo sistemático:
1. Budismo   294.3

(Bibliotecária responsável: Sabrina Leal Araujo – CRB 10/1507)

NAMO GURU DHEVA DHAKKINI HUNG

EMAHO

Nascido do Lótus, imutável como um vajra é a sua forma.
A sua voz dos conquistadores é livre de ego,
os tons do Darma ressoam.
Onisciente é a sua mente, uma fonte de tesouros
de tudo o que é profundo.
A você, meu senhor e salvador de todos os seres,
eu me prostro com reverência.

Sumário

	Prefácio do tradutor	9
	Ensinamentos introdutórios	13
1	Conselho sobre como praticar as instruções profundas	25
2	O estado desperto autoliberado	27
3	As 21 instruções essenciais	35
4	A instrução 'Apontando para a Velha Senhora'	51
5	Descer mantendo a visão superior	59
6	A Guirlanda de Cristal da prática diária	79
7	A Guirlanda Dourada Preciosa de instruções de meditação	109
8	O ciclo de pontos essenciais	149
9	Conselho para combinar desenvolvimento e consumação, as práticas dotadas e desprovidas de conceitos	169
10	Instrução para mulheres sobre como atingir a iluminação sem abandonar as atividades diárias	175
11	Iniciação da manifestação da mente primordial	186
12	Sinais e níveis do progresso	199
13	Conselho para alcançar a iluminação no momento da morte	207
14	Os cinco bardos	219
15	O tesouro da Caverna de Cristal do Lótus	237
	Fontes	252

Prefácio do tradutor

Tesouros do Pico do Junípero é o terceiro volume de uma coleção de ensinamentos de tesouros oferecidos por Padmasambava durante sua permanência no Tibete no século IX. A maioria dos excertos apresentados aqui e nos dois livros anteriores, *Ensinamentos das Dakinis* e *Conselhos do Nascido do Lótus*, são questões e respostas entre Padmasambava e seus principais alunos, especialmente a dakini Yeshe Tsogyal. Ao longo dos anos, no desdobrar deste projeto encantador e inspirador, uma progressão gradual naturalmente ocorreu.

O primeiro volume, *Ensinamentos das Dakinis*, é composto primariamente pelos profundos treinamentos fundamentais tais como refúgio, bodicita, deidades e a prática de guru yoga. Os reveladores dos tesouros são Nyang Ral Nyima Özer e Sangye Lingpa. *Conselhos do Nascido do Lótus* leva os ensinamentos a um nível um pouco mais profundo, compreendendo instruções sobre visão, meditação e conduta. Além dos dois primeiros reveladores de tesouros, Rigdzin Gödem e Chokgyur Lingpa estão representados.[1]

---

1 Em *Ensinamentos das Dakinis*, estão incluídas histórias mais detalhadas

Este terceiro volume, *Tesouros do Pico do Junípero*, contém as orientações mais sutis e reveladoras. São seleções para os praticantes mais experientes, com ênfase na visão e na combinação de meditações conceituais e não conceituais. Baseia-se, primariamente, nos termas revelados pelo *tertön* do século 12, Nyang Ral Nyima Özer (1124-1192). Os manuscritos que utilizei aqui estão guardados na Biblioteca Real Dinamarquesa, foram trazidos de um monastério mongol por Henning Haslund Christiansen, um explorador dinamarquês da Ásia Central. Quando Dilgo Khyentse visitou a biblioteca em 1976, pediu para ver todos os manuscritos originais copiados à mão, e decidiu fazer fotocópias de seis volumes de livros que não estavam disponíveis naquela época na Índia. Entre esses havia uma coleção de alguns dos termas de Nyang Ral denominada *Jomo Shulen* (As Questões e Respostas de Lady Tsogyal).

Outros ensinamentos incluídos em *O Pico do Junípero* provêm de *termas* como *Martri,* de Nyang Ral, o *Ciclo Lama Gongdü,* de Sangye Lingpa, o *Ciclo Gongpa Zangtal,* de Rigdzin Gödem, o *Chigchö Kündröl Chenpo,* de Rinchen Lingpa, e os tesouros redescobertos de Jamyang Khyentse Wangpo e Chokgyur Lingpa.

Nos volumes anteriores ficamos reticentes em apresentar uma ênfase exagerada na visão, temendo que ela pudesse ser mal compreendida. Entretanto, nos 15 anos desde a publicação de *Ensinamentos das Dakinis,* a audiência crescente de estudantes do Darma tem sido afortu-

---

sobre os dois tertöns principais, Nyang Ral Nyima Özer e Sangye Lingpa.

nada por obter acesso a muitos ensinamentos profundos e anteriormente secretos, que agora estão disponíveis em línguas modernas. À medida que o Darma amadurecer no Ocidente, e um número cada vez maior de tradutores maravilhosos se manifestar, esta tendência continuará para o benefício dos praticantes modernos. Reunindo tais circunstâncias com o comando de Tulku Urgyen Rinpoche: "Traduzam tudo. Sejam fiéis ao original. Não corrijam nada e não deixem a visão de fora, pois de outra forma Padmasambava parecerá religioso demais", nos sentimos autorizados a oferecer a coleção aqui apresentada.

"O Tesouro da Caverna de Cristal do Lótus", que forma o capítulo final do volume, difere dos outros capítulos pelo fato de relatar o desenvolvimento pessoal de Padmasambava aos pés de seu guru Shri Singha.

Concluindo, gostaria de agradecer a todos os envolvidos neste trabalho. Em primeiro lugar, tenho imensa gratidão pela genialidade compassiva de Padmasambava ao nos conceder estes ensinamentos inspiradores e impressionantes; a Yeshe Tsogyal por registrá-los com devoção e por ocultá-los; aos *tertöns* por revelá-los, e a Tulku Urgyen Rinpoche por me dar a coragem e o ânimo para traduzi-los.

Agradecimentos também aos amigos do Darma que ajudaram a produzir este livro: Marcia Schmidt, pelos constantes estímulos para completar o trabalho; Michael Tweed, por sua edição habilidosa; Ward Brisick, por editar "O tesouro da Caverna de Cristal do Lótus" à editora de cópia Meghan Howard, aos revisores Zack Beer e Catherine Dalton, ao tipógrafo Joan Olson e, é claro, ao patrocinador da produção, Richard Gere, que tem demonstrado constante gentileza e apoio ao longo de muitos anos.

Há muitas bênçãos em poder trabalhar com um material tão belo. Apenas rezo para ter estado à altura da tarefa, apresentando pelo menos uma fração de sua profundidade. Pelo poder da atividade maravilhosa e insight de Padmasambava, possam todos os seres conectados a ele se reunir em sua presença no Reino de Esplendor da Montanha Cor de Cobre.

Erik Pema Kunsang
Finalizado em Rangjung Yeshe Gomdé, Dinamarca,
no auspicioso 15º dia do calendário lunar
do primeiro mês, 2008.

ENSINAMENTOS INTRODUTÓRIOS

As instruções essenciais de Padmasambava são extremamente importantes porque ele não é apenas uma figura lendária ou um mito antigo. Ele é uma pessoa real que continuamente exercita atividades espontâneas, incluindo manifestar-se como os reveladores de tesouros, de forma que sempre há um ensinamento novo, imaculado, que as pessoas podem praticar. Isto também assegura que a influência espiritual de Padmasambava e suas bênçãos sejam incessantes.

Antes de partir do Tibete, Padmasambava ocultou muitos ensinamentos a serem descobertos posteriormente por indivíduos especiais conhecidos em tibetano como *tertöns*, ou "reveladores de tesouros ocultos". Por causa das mudanças e flutuações na história do mundo, Padmasambava ocultou práticas específicas adequadas especialmente aos diversos momentos no futuro. Esses ensinamentos ocultos, conhecidos como *termas* são, mais tarde, revelados pelas encarnações futuras dos discípulos pessoais de Padmasambava, grandes mestres que, por sua vez, são frequentemente emanações do próprio Padmasambava. A qualidade especial desses ensinamentos *terma* é a de que eles proporcionam um método para a realização adequado a cada geração, período de tempo, e pessoa específica que os encontrar. Os ensinamentos de tesouro que ele ofereceu no Pico do Junípero de Pérolas de Cristal contêm o significado essencial de centenas de instruções.

A compiladora desses ensinamentos, Yeshe Tsogyal, era uma emanação de uma buda conhecida como uma *dakini* de sabedoria. Ao trabalhar com Padmasambava como sua discípula principal, ela pôde realizar um grande serviço para a humanidade, compilando e codificando estes ensinamentos preciosos, e ocultando-os para as gerações futuras.

Em Kham há um ditado: "Conte tudo, como um saco virado do avesso". Da mesma forma, nestes *Tesouros do Pico do Junípero*, Padmasambava virou o saco do avesso - ele revelou todos os ensinamentos. O significado essencial de centenas deles está contido aqui, ele os desnudou completamente.

Assim, quando meu aluno Erik Pema Kunsang me consultou sobre o que traduzir a respeito das questões e respostas entre Padmasambava e seus discípulos, eu lhe disse para traduzir tudo. Precisamos de uma coleção completa, e não será bom se excluirmos os ensinamentos sobre a visão, deixando-os de fora. Se fizéssemos isto, os ensinamentos de Padmasambava não estariam completos.

Apesar de não haver nada que eu possa acrescentar a esta seleção, gostaria de elaborar sobre alguns poucos pontos como uma coincidência positiva. Antes de estabilizarmos a visão correta, experimentamos primariamente os fenômenos samsáricos, que são distorcidos. Para experimentarmos a visão correta, precisamos nos basear nos ensinamentos de um ser de sabedoria e, então, realizar na prática aquilo que nos foi ensinado.

Esta é uma perspectiva tradicional sobre os fenômenos samsáricos:

> *Primeiramente a inexistência é ensinada*
> *e a essência vazia é explicada.*
> *Em seguida a existência é ensinada*
> *e a natureza cognoscitiva é explicada.*
> *No final a união de existência e inexistência é*
> *ensinada.*

Isto significa que a essência e a natureza, pureza primordial e presença espontânea são uma unidade em *rigpa*, a mente primordial. Portanto, diz-se que os fenômenos samsáricos aparecem apesar de serem inexistentes. Considerando a sua essência, eles são inexistentes; considerando a sua natureza, eles são manifestos. Os aspectos vazio e de aparência dos fenômenos distorcidos não podem ser separados. Não distorcidos, os fenômenos puros são a união de pureza primordial e presença espontânea. Eles transcendem os objetos de percepção dualista, como um arco-íris aparecendo no céu. Ele é visível, mas carece de natureza própria; não há nada para agarrar e nada para sustentar. Este é o exemplo para os fenômenos puros, não distorcidos.

Os fenômenos, conforme percebidos pelos seres sencientes, tornaram-se mais e mais grosseiros. Os fenômenos começaram pela primeira vez no reino samsárico chamado de Nem Presença Nem Ausência de Concepções. A partir dele nos perdemos nos três reinos do samsara onde vagueamos por causa da fixação ao aspecto da aparência. Primeiro surgiram as quatro percepções ilimitadas dos reinos da não forma, depois os 17 mundos do reino da forma. Em seguida vieram os seis mundos dos deuses nos reinos do desejo, e, finalmente, as seis classes de seres.

Conforme expressam os mestres Kagyü: "A essência da mente coemergente é o dharmakaya, as aparências coemergentes são a luz do dharmakaya." Aqui aparência se refere aos fenômenos puros, não distorcidos. Os fenômenos distorcidos se tornaram progressivamente mais grosseiros. Os quatro reinos da percepção infinita são sem forma; a forma nos 17 reinos dos deuses é uma forma de luz. Tornando-se mais grosseiras, as formas corporais são feitas de carne e sangue nos seis mundos do reino do desejo.

Os fenômenos externos distorcidos são os quatro elementos principais: terra, água, fogo e ar. Em meio a eles nós possuímos a carne e o sangue, os ossos, o calor corporal, a respiração, os agregados e os fatores sensoriais. Apesar de tudo, todos os fenômenos, desde o princípio, não possuem existência concreta. No sonho da noite passada experimentamos alegria e tristeza, países e lugares, casas e castelos e assim por diante. Podemos sonhar com todas essas coisas, mas ao acordarmos, aquilo que foi sonhado não mais existe. Neste exato momento todos os fenômenos definitivamente existem devido ao poder da confusão.

Entretanto, ao atingirmos a estabilidade de rigpa, não estaremos mais confusos; e, assim, como um sinal da inexistência primordial de todos os fenômenos, poderemos passar livremente através deles. Se todos os fenômenos existissem primordialmente, os budas teriam que aniquilá-los para serem capazes de atravessá-los, mas eles não precisam fazer isso. Os fenômenos não possuem nem mesmo um átomo de existência concreta, apesar de sentirmos que sim pela nossa forma distorcida de experienciá-los. Para um ser infernal com pensamentos conceituais, por exemplo, o inferno parece ter existência material. Quando livre de pensamentos conceituais, não há inferno real.

Um mestre como Padmasambava podia passar livremente através de rochas e montanhas devido a sua estabilidade na pureza primordial, no estado desperto autoexistente. Padmasambava possuía poderes milagrosos incríveis, tais como a capacidade de voar pelo céu, atravessar livremente a matéria sólida e não ter obstáculos para expor todos os sutras e tratados, assim como o significado dos tantras. Estas são outras razões para haver bênçãos tão grandes na conexão com suas instruções e conselhos.

Em algum estágio futuro, possuiremos todas as qualidades iluminadas e teremos purificado todos os obscurecimentos, alcançando o estado da iluminação insuperável. Antes disso, entretanto, os seres sencientes não experimentam o domínio da iluminação completa. Seria maravilhoso se os seres sencientes comuns pudessem experimentar a iluminação. Diz-se que, ao atingi-la, nada é impuro, nem as visões, nem os sons, nem os estados mentais - nem mesmo uma partícula de poeira. Um iogue realizado percebe tudo como a continuidade do puro estado desperto; todo o mundo externo é um palácio celestial, e os habitantes, os seres sencientes, possuem a natureza de *dakas* e *dakinis*.

Nossa percepção imediata está simplesmente distorcida. Quando a distorção é dissipada, todas as coisas dentro da experiência pessoal de cada um são vistas como pureza. Os seres comuns não conseguem perceber essa pureza, mas ao se tornarem iogues realizados por si mesmos, essa pureza básica será vista. Essa é a diferença entre percepção pessoal e a percepção dos outros: você pode ver os outros seres como puros porque eles já são puros; mas devido aos obscurecimentos que possuem, eles mesmos não percebem essa pureza. Para um iogue realizado, tudo dentro e fora é a pureza de corpo, fala, mente, qualidades e atividades iluminadas, e ele percebe a grande igualdade entre samsara e nirvana.

A iluminação é como despertar do sono. O pensamento conceitual cria todas as percepções e os fenômenos da vida diária, assim como tudo que você experimenta à noite é criado pelo sono. Ao despertar, o sonho desaparece. Nada restará desta confusão atual quando a experiência distorcida e a confusão do pensamento conceitual forem completamente eliminadas. As manifestações dos fenômenos são simplesmente a exibição da luz de arco-íris. Quando não há manifestação, há apenas o espaço da pureza primordial.

A experiência mundana dos fenômenos é chamada de percepção distorcida, a percepção confusa dos seres sencientes. Na experiência de alguém que possui percepção pura, uma casa será um palácio celestial. No palácio celestial não há experiência de terra, água, fogo ou ar. Tudo é luz de arco-íris. Que incrível! As casas são casas de luz de arco-íris. Você não pode dizer que elas não existem, pois elas possuem qualidades manifestas. Você não pode dizer que elas existem, pois não há um sentido de terra, fogo, água ou ar concretos. Isto revela sua inexistência primordial.

A mente primordial deve retornar ao espaço interno. Tendo se perdido ao vaguear progressivamente no samsara, rigpa deve refazer seus passos e retornar à pureza primordial. Os fenômenos dualistas dos mundos e seres não possuem nem mesmo uma pontinha de cabelo de existência concreta. A pureza primordial não tem concretude. Todos os fenômenos de samsara e nirvana se manifestam a partir do espaço da pureza primordial. Os diversos fenômenos do estado desperto são todos percebidos a partir da estrutura do pensamento conceitual. Quando estamos firmes na sabedoria desperta livre de conceitos, os fenômenos samsáricos são como um projetor de cinema que se desmontou. Podemos criar a Terceira Guerra Mundial em um filme, mas quando o filme terminar a guerra também cessará.

Diversos sinais aparecerão quando aplicarmos os ensinamentos à nossa própria situação, e é bom discernir os sinais verdadeiros de progresso na prática. Por exemplo, tendo meditado sobre uma deidade *yidam,* deveria surgir uma visão dela. Também há sinais gerais do estágio da completitude tais como ver luzes, fumaça, uma miragem etc. Nós podemos perceber realmente esses sinais das bênçãos com os nossos olhos.

Existem ainda as experiências meditativas conhecidas como *nyam*, que não são reais nem oníricas, estando em algum ponto entre as duas. Podemos ter experiências de bem-aventurança ou vacuidade. Podemos pensar: "Hoje minha experiência da mente primordial está realmente incrível, desnuda e imutável, livre de dualidade, livre do apego às experiências de bem-aventurança, clareza e ausência de pensamentos. Que lucidez inacreditável!" Tal sentimento é apenas uma experiência passageira, mas de qualquer forma é um sinal da prática.

Nem todos os sinais da prática são positivos; alguns são bons e alguns são ruins. Às vezes achamos impossível meditar, muito difícil de sentar, nos sentimos deprimidos ou raivosos - tais estados pertencem às experiências desagradáveis. Esses dois tipos de experiências, agradáveis e desagradáveis, são ambos sinais da prática. Mas não importa o que aconteça, todas as experiências são apenas nuvens no céu da pureza primordial. Às vezes o céu está nublado, às vezes está limpo. Não importa se o sol brilha em um céu limpo embelezado por arco-íris, ou se chove, ocorre uma tempestade ou neva, tudo são apenas experiências.

Entretanto, entre os sinais da prática há dois estágios: experiência e realização. O verdadeiro sinal da prática é que a sua mente está livre das fixações, naturalmente e sem qualquer dificuldade. Outro sinal positivo, e uma das mais importantes realizações, é quando sua mente se sente tão pacífica que está plena de devoção, fé e compaixão, como o céu preenchido pelo calor da luz do sol. Entretanto, a realização verdadeira é permanecermos não afetados pelas experiências de bem-aventurança, clareza e ausência de pensamentos, enquanto estamos livres dos dois obstáculos para a meditação: o embotamento e a agitação. O embotamento significa não saber realmente se a sua consciência está clara; na verdade ela está obscurecida. Há três tipos de embotamento: sentir-se embotado, sonolento ou obscurecido. Também há três tipos de agitação: sentir-se disperso, agitado ou distraído.

Em resumo, mesmo a menor fixação pode prejudicar a nossa prática. Cortar através dos pensamentos deveria ser automático, mas se não percebermos que estamos obscurecidos e nos tornarmos esquecidos, ou se ficarmos agitados, será impossível para a mente permanecer em silêncio e sentiremos que não conseguimos cortar através dos pensamentos. Uma vez livres de embotamento e agitação, nossa visão não estará obscurecida. Quanto tempo dura a experiência da mente primordial depende de quão habituados nos tornamos a ela.

O método perfeito para se tornar rapidamente habituado ao estado não fabricado da mente primordial é ter devoção pelos seres iluminados e compaixão pelos seres não iluminados. Então, como se diz: "No momento do amor, a essência vazia se revela sem véus."[2] Devoção e compaixão são ambas amor. Corpo, fala e mente podem ser preenchidos pelo amor e, se olharmos para dentro, isto será como o sol não obscurecido pelas nuvens. É assim que no passado praticantes Kagyü e Nyingma puderam atingir a iluminação sem serem eruditos. Com uma pequena compreensão teórica, eles foram capazes de conquistar a experiência, o grande ornamento da mente primordial. Esta experiência deveria estar livre de fixações dualistas, pois a experiência com fixações não traz benefícios.

Uma rápida realização da iluminação depende da confiança e devoção pelas Três Joias, e da compaixão por nossas mães, os seres sencientes. A natureza da vacuidade poderá se manifestar sem véus quando possuirmos essas qualidades. Este é o caminho supremo da unidade, livre de erros.

A qualidade especial do budismo é a unidade, imaculada pelos dois extremos de eternalismo e niilismo. Cair em qualquer uma dessas duas visões é uma limitação que impedirá o progresso no caminho correto. Tomando a visão da unidade - de que a natureza da mente é tanto vazia quando cognoscitiva - a cognição elimina o extremo do

---

2 Uma citação da famosa Aspiração do Mahamudra do 3º Karmapa.

niilismo e a vacuidade elimina o extremo do eternalismo. Esta unidade é a capacidade cognitiva vazia permeada por sabedoria. Sem esta unidade alguém poderá dizer que a mente é eterna, e outro poderá dizer que ela é um vácuo. Desviando-se para tais erros, as visões eternalista e niilista criam a experiência dualista daquele que percebe e de um objeto percebido.

Devoção e compaixão são as técnicas principais, os meios mais eminentes. Elas são cem vezes melhores que a meditação sobre deidades e a recitação de mantras. Nos ensinamentos da Grande Perfeição dizemos geralmente que apenas a devoção e a compaixão não fabricadas, naturais, é que são importantes, mas devemos começar construindo confiança e compaixão.

Apesar de devoção e compaixão já estarem presentes na mente primordial, a sua própria essência, no início é necessário fabricar sentimentos de devoção e compaixão porque a devoção natural, não fabricada, ou a compaixão não elaborada não se manifestam imediatamente. Porém, à medida que você aumenta progressivamente sua estabilidade na mente primordial, naturalmente sentirá compaixão por todos os seres, pensando: "Os seres sencientes estão inconscientes desta natureza mais preciosa, que é como o estado búdico na palma da própria mão!"

A devoção é acompanhada por pensamentos como: "Como é fantástico poder atravessar a própria base e raiz da confusão. É inacreditável, esta perfeição de todas as virtudes, esta exaustão de todas as falhas. Nada é superior a esta mente primordial!" Assim você ganha confiança.

Se você souber como fazê-lo, simplesmente meditar sobre a vacuidade é totalmente suficiente por si só; mas se você não reconheceu verdadeiramente a vacuidade correta, então apenas através da compaixão será guiado até a vacuidade. Para o melhor resultado, você precisa tanto de vacuidade quanto de compaixão, o que é chamado de *vacuidade permeada pela compaixão*.

A devoção verdadeira e a compaixão são como o calor do verão que derrete o gelo do inverno. Ao olhar para a essência da devoção, você encontrará de forma direta a mente primordial livre de véus. É por isso que a devoção é tão preciosa e importante.

Vacuidade sem compaixão nunca é ensinada como sendo o caminho verdadeiro para a iluminação. A água sempre será úmida. Sem compreender a vacuidade, nenhum ser senciente alcançará a iluminação. Quando verdadeiramente realizar a vacuidade, naturalmente terá compaixão e pensará: "Como seria maravilhoso se todos os seres sencientes tivessem esta realização!"

Tulku Urgyen Rinpoche
Extraído da coleção de seus ensinamentos orais.

1
CONSELHO SOBRE COMO PRATICAR AS INSTRUÇÕES PROFUNDAS

O mestre ofereceu ao rei este conselho:
Vossa Majestade, pratique o significado destas instruções.

Não há paz dentro dos reinos do samsara,
A paz é encontrada no estado desperto.
Através do esforço o estado desperto nunca é alcançado,
Ele não é alcançado pelo esforço, mas pela não interferência relaxada e por nunca se esforçar.

Pela rejeição o samsara não é deixado para trás,
Ele é liberado por si mesmo ao não interferir relaxadamente.
As suas tentativas de curar suas misérias não trouxeram paz,
Você estará em paz ao não interferir relaxadamente.

Você não encontra felicidade nos desejos intensos,
Apenas quando os deixa de lado.
O apego não é cortado tentando evitá-lo,
Apenas pela repulsa ele é verdadeiramente cessado.

As instruções não são encontradas desejando-as,
Você as obtêm ao encontrar um mestre.
Você nunca recebe bênçãos apenas pedindo,
Elas vêm quando você gerou devoção.

Rei, você encontrará a felicidade quando o Darma for seu companheiro regular.
Abandone as ocupações que o distraem e abrace a natureza da visão e da meditação.
Permaneça no estado de igualdade do dharmakaya que está além dos surgimentos.

O rei ficou encantado, cumprimentou e circum-ambulou o mestre com profunda fé e respeito.

2
O ESTADO DESPERTO AUTOLIBERADO

As instruções diretas para o Mahamudra
Homenagem ao Nascido do Lótus de Uddiyana

Estas são as instruções orais para o Mahamudra:
O mestre de Uddiyana disse: Ouça, Tsogyal. Ao ensinar as instruções diretas do Mahamudra há quatro pontos: o Mahamudra da visão, o Mahamudra da meditação, o Mahamudra da fruição e o Mahamudra do treinamento.

Primeiro, em relação ao Mahamudra da visão, um tantra afirma:

> *O Mahamudra da visão é a natureza básica*
> *da mente,*
> *Com nada para provar ou dissipar.*

Desta forma, o Mahamudra não tem um suporte, um ponto de referência, ele é por natureza não nascido e não perece devido a circunstâncias. Sua exibição é ilimitada e é o estado natural, a natureza básica de tudo o que pode ser conhecido.

Além do mais, suas virtudes não precisam ser produzidas nem há falhas a serem eliminadas, como a analogia de acreditar que uma corda seja uma cobra. É a noção de cobra que é um erro e não a corda. Apesar de à primeira vista parecer ser uma cobra, você entende que ela era apenas uma corda. Nem a corda precisa ser provada nem a cobra precisa ser dissipada, de forma alguma. Da mesma forma, a natureza básica de todas as coisas que podem ser conhecidas é ela mesma a natureza do Mahamudra. Assim, nem é necessário produzir um estado desperto livre de pensamentos nem os pensamentos precisam ser eliminados. O estado desperto livre de pensamentos está presente diretamente enquanto pensamos, então, não pertencendo a categoria alguma tal como permanência ou nulidade, os dois tipos de identidade, ou aquele que percebe ou o percebido - ele é conhecido como a pureza original e perfeita.

Segundo, em relação ao Mahamudra da meditação um tantra afirma:

Permita que sua natureza básica se estabeleça
sem fixações;
Esse é o Mahamudra do estado meditativo.

Desta maneira, o Mahamudra da meditação é permitir que a sua natureza original repouse sem sustentar qualquer coisa na mente. Ele não é o resultado do pensamento, não é indicado, não é algo que é ou não é; está livre de conflitos e de ação mental e não exclui qualquer tipo de coisa de qualquer forma.

Além do mais, ao repousar no estado natural, não é necessário modificar nada com remédios, assim como o oceano e as ondas. Quando uma onda se move sobre o grande oceano, ela surge dele e desaparece novamente no oceano. A onda não é separada do oceano e o oceano não é separado da onda. Como a onda no oceano, permaneça serenamente num sabor equânime. Como nesta analogia, no Mahamudra da essência de sua mente, a natureza original livre de pensamentos, repouse completamente no estado natural. Não sustente coisa alguma na mente. Qualquer pensamento que possa surgir não é, no próprio momento do surgimento, separado do estado desperto livre de pensamentos e de erros. O pensamento surge de você, aparece para você e se dissolve em você. Nesse momento, o estado natural não é uma coisa sobre a qual você possa pensar, nem é possível indicá-lo através de palavras.

Sendo livre da dualidade entre aquele que percebe e o que é percebido, ele não é alguma coisa existente. Visto que este estado desperto não dual experimenta de todas as formas possíveis, ele não é alguma coisa inexistente. E visto que esses dois níveis de realidade são indivisíveis, ele está livre de conflitos.

Uma vez que todos os fenômenos enganosos estão

marcados com o seu selo, ele não exclui coisa alguma. E sendo originalmente livre, é conhecido como o estado original de autoliberação.

Terceiro, em relação ao Mahamudra da fruição um tantra afirma:

A própria base amadurecida até o fruto,
Isso é o Mahamudra da fruição.

Portanto, o Mahamudra da fruição é quando a natureza básica, o estado natural de todas as coisas que podem ser conhecidas, amadureceu até a realização. Em outras palavras, a sua essência, o *dharmakaya*, está de acordo com a vacuidade; a sua natureza, o *sambhogakaya*, é dotada dos meios hábeis do estado desperto lúcido; e a sua capacidade, o *nirmanakaya*, é a sua expressão natural, ilimitada.

Usando uma analogia, quando uma semente amadurece em uma espiga de grãos, é apenas a semente que se transformou na espiga de grãos. Não há espiga de grãos separada da semente, e além da espiga de grãos, não há nada em que a semente possa amadurecer. Assim como nessa analogia, a fruição é a sua mente original, o estado naturalmente puro, básico - depois que as miríades de tipos de modulações temporárias se dissolverem por si mesmas. Ela é simplesmente o estado natural tal como ele é.

Ela é a essência vazia de sua mente, um estado ilimitado de estar desperto, isto é o dharmakaya. Ela é a natureza lúcida de sua mente, uma experiência impossível de descrever com palavras, isto é o sambhogakaya. Ela é a capacidade de expressão de sua mente, a autoliberação de cada momento de experiência, isto é o nirmanakaya.

Quarto, em relação ao Mahamudra do treinamento um tantra afirma:

De modo a gerar uma cadeia de bênçãos
Há o Mahamudra do treinamento.

Você deve solicitar as instruções orais de um mestre que possua a transmissão, a realização e a compaixão. Desse dia em diante você deve suplicar a ele, não o considerando como um corpo da forma (*rupakaya*), mas apenas como o dharmakaya. Incapaz de suportar qualquer separação, dissolva-se nele com profundo anseio para que, através das bênçãos do mestre, a realização do Mahamudra surja espontaneamente. Isto - o atalho unicamente suficiente sem necessidade de se apoiar em qualquer outro método dos dois estágios - é conhecido como Mahamudra do treinamento.

Usando uma analogia, quando o sol está brilhando e você possui uma lente não danificada, impoluta, o musgo seco pegará fogo no momento em que você arranjar corretamente os três. De forma similar, quando as bênçãos do mestre, sua própria devoção e a sinceridade pura de seu ser todas coincidirem, o estado desperto original, que é o Mahamudra, automaticamente surgirá ao simplesmente fazer uma súplica a partir de um anseio profundo.

Aqui está o método para certificar-se de que seu ser esteja purificado. Depois de receber as instruções orais, inicialmente vá para um local retirado e permaneça lá em isolamento. Deixando de lado todos os outros objetivos - entregando-se completamente - repetidamente forme este raciocínio: "Que perda terrível seria se eu desperdiçasse este corpo de liberdades e riquezas obtido apenas esta vez! Como nada é certo, o que eu faria se morresse hoje à noite ou agora mesmo? Minha mente não alcançou qualquer estabilidade. E depois que eu morrer nada nem ninguém me acompanhará!"

Então tome refúgio e estabeleça a determinação da *bodicita* muitas vezes. Use vários métodos para purificar seus obscurecimentos e para reunir as acumulações. Mas especificamente visualize seu guru raiz pessoal no centro de seu coração, pensando: "Ele apenas é o Mahamudra, o buda dharmakaya!" Suplique a ele com intensa sinceridade até que se sinta exausto. Então, sua consciência se tornará um estado livre de pensamentos e vazio, uma experiência de indescritível clareza ou um estado de bem-aventurança livre de apegos. Reconheça: "Apenas isto é a mente do guru, minha própria mente, o Mahamudra do dharmakaya!", e repouse na liberdade espontânea do estado básico de naturalidade.

No início, treine em sessões curtas, repetindo-as muitas vezes, e o seu pensamento se evaporará como a névoa. Então estenda as sessões e, ao fazer isso, permaneça completamente livre de pensamentos. Finalmente, transcendendo as sessões e os intervalos, você se expandirá para um estado no qual qualquer coisa é a natureza única de *dharmata*.

Durante os intervalos, execute todas as suas atividades diárias em um estado desperto lúcido contínuo, que tudo permeia, livre de qualquer atividade mental. Mas mesmo que esse estado natural seja agora uma realidade para você, continue a cultivar uma vasta compaixão pelos seres sencientes e faça aspirações de que o bem-estar dos outros possa ser espontaneamente realizado na maneira da não ação.

Isto foi apenas um fragmento de ensinamento, "O Estado Desperto Autoliberado: as instruções diretas para o Mahamudra."

SAMAYA. ❆ SELO, SELO, SELO. ❆

Esta instrução definitiva e maravilhosa, um terma redescoberto de Drimey Kunga, foi revelada como um siddhi por Pema Ösel Do-Ngak Lingpa no Cabo Perpendicular da Rocha Vermelha, e depois oferecida a Orgyen Chimey Tennyi Yundrung Lingpa. Que ela possa fazer com que a verdadeira linhagem da realização se dissemine e floresça tão amplamente quanto a expansão do espaço.[3]

---

3 Pema Ösel Do-Ngak Lingpa é o nome de tertön de Jamyang Khyentse Wangpo, e Orgyen Chimey Tennyi Yundrung Lingpa é o nome de tertön de Jamgön Kongtrül Lodrö Thaye.

3
As 21 instruções essenciais

O mestre de Uddiyana conhecido pelo nome Padmasambava é uma emanação do Buda Amitaba, milagrosamente nascido de uma flor de lótus em uma ilha oceânica. Tendo interrompido nascimento e morte, ele permanece em sua forma corpórea além da morte e da transmigração. Sua fala ensina os nove veículos, incluindo todos os ensinamentos causais e do resultado. Sua mente, dotada com sabedoria onisciente, compreende os pontos vitais de todos os darmas.

Lady Tsogyal, a princesa de Kharchen, perguntou ao mestre: Eu não consigo entender os pontos-chave dos ensinamentos externos e internos, as 84 mil portas do Darma, e os veículos superiores e inferiores, por favor, conceda-me as instruções essenciais.

Ela não apenas havia agradado seu mestre em pensamento, palavras e ação, mas também fez esta solicitação acompanhada por uma oferenda de mandala de ouro recoberta por turquesa, semelhante às sete posses preciosas.

1. Lady Tsogyal perguntou ao mestre: Qual o ponto essencial que contém tudo que aparece e existe?
O mestre respondeu: O espaço é o ponto essencial que contém tudo aquilo que aparece e existe. Os quatro elementos são todos mutáveis e impermanentes; mas, desde o princípio, a natureza do espaço é vazia e imutável. Os quatro elementos - terra, água, fogo e ar - possuem uma natureza fugaz. Ao aparecerem, aparecem dentro da expansão do espaço; enquanto permanecem, eles permanecem dentro da expansão do espaço; e quando se dissolvem, se dissolvem dentro dessa mesma expansão. Como a natureza do espaço é imutável através dos três tempos, tudo que aparece e existe pode ser condensado em espaço.

Enquanto o espaço é o exemplo, o significado é dharmata que, como o espaço, é vazio desde o início primordial. E o sinal é de que dentro da mente vazia similar ao céu as tendências habituais e as emoções perturbadoras são apenas como nuvens e névoa. Ao aparecerem, elas aparecem dentro da mente vazia; ao permanecerem, permanecem dentro da expansão da mente vazia; e quando se dissolvem, se dissolvem dentro dessa mesma expansão da mente vazia.

Ao alcançar a realização de que tudo é assim, não se deixar macular pelas falhas das tendências habituais para ações cármicas e pelas emoções perturbadoras é conhecido como a reunião de tudo o que aparece e existe em um único ponto essencial.

❁

2. Lady Tsogyal perguntou ao mestre: Qual ponto essencial contém as 84 mil portas do Darma?
O mestre respondeu: a grande naturalidade de dharmata é o ponto essencial que contém as 84 mil portas do Darma. Os outros darmas mudam e não perduram. A grande naturalidade de dharmata está espontaneamente presente desde o princípio, livre de esforços deliberados, um estado não elaborado, uma presença natural autoexistente, e permanece como uma expansão não construída.

Quando as 84 mil portas do Darma dos outros veículos aparecem, aparecem dentro da expansão da grande naturalidade de dharmata; enquanto elas permanecem, permanecem dentro da grande naturalidade da expansão de dharmata; e quando se dissolvem, se dissolvem novamente dentro da grande naturalidade da expansão de dharmata. Não importa como os darmas mudam, não importa quais palavras são usadas para expressá-los, não importa como os eruditos podem explicá-los, a natureza da grande naturalidade de dharmata permanece imutável.

O ponto essencial de todos os darmas é estabelecer-se em igualdade, sem esforços, dentro da grande naturalidade de dharmata. Este é o ponto essencial das 84 mil portas do Darma.

3. Lady Tsogyal perguntou ao mestre: Qual ponto essencial contém todos os seres sencientes?

O mestre respondeu: a mente desperta é o ponto essencial que contém cada ser senciente. Todas as formas físicas e estados mentais mudam e são impermanentes. Os seres sencientes dos quatro modos de renascimento surgem inicialmente por não realizarem a natureza de suas mentes; em seguida eles permanecem por não realizarem a natureza de suas mentes; ao continuarem a girar, os seres sencientes revolvem no samsara por não realizarem a natureza de suas mentes.

Ao simplesmente reconhecerem a mente que nunca nasce, uma sabedoria autoexistente, que é primordialmente pura, eles encontram o Ser Desperto dentro de si mesmos. No momento em que realizam a natureza desta mente e se estabelecem na igualdade, sem fazer esforços com a mente, eles despertam dentro desta expansão.

Visto que a mente desperta é essencialmente imutável através dos três tempos, todos os seres sencientes são o estado desperto de um buda. E visto que esse buda, a essência do sugata, está presente de uma forma que permeia todos, é de fundamental importância realizar este estado desperto. Esta realização é conhecida como a reunião de todos os seres sencientes em um único ponto essencial.

4. Lady Tsogyal perguntou ao mestre: Qual ponto essencial contém todos os tipos de sabedoria?

O mestre respondeu: o estado desperto autoexistente é o ponto essencial de todos os tipos de sabedoria. Outras sabedorias mudam e não perduram. O estado desperto autoexistente, naturalmente presente desde o início primordial, é a natureza de dharmata, uma sabedoria própria ilimitada. Para este estado desperto autoexistente nada permanece desconhecido, nada permanece oculto, nada permanece incompreendido. Visto que este estado desperto autoexistente é desperto e insondável em essência, ele também é a base para todos os *darmas* e sabedorias.[4] Ele também é o seu local de permanência e é, portanto, conhecido como o ponto essencial que contém todos os tipos de sabedoria.

5. Lady Tsogyal perguntou ao mestre: Qual ponto essencial contém todos os tipos de *samadhi*?

O mestre respondeu: o samadhi da talidade é o ponto essencial de todos os samadhis. Os outros samadhis mudam e não perduram. O samadhi da talidade é dharmata, sua verdadeira identidade. É a natureza original, livre de erros, tal como ela é, a identidade verdadeira, não elaborada. Simplesmente sendo esta natureza, a vacuidade do samadhi da talidade inclui todos os outros tipos de samadhi, sem exceção, pois eles estão contidos neste mesmo estado. Cada possível tipo de *darma* e cada aspecto do estado desperto, incontáveis como eles forem, estão contidos, sem exceção, no estado livre de esforços da vacuidade original, tal como

---
4 A palavra *darma*, apesar de suas muitas conotações, aqui se refere à verdade ou ao ensinamento.

ela é. Portanto, isto é conhecido como a reunião de todos os samadhis em um único ponto essencial.

6. Lady Tsogyal perguntou ao mestre: Qual ponto essencial contém todos os locais de permanência?
O mestre respondeu: O *dharmadhatu* imutável é o ponto essencial de todos os locais de permanência. Todos os outros locais perecem. Para os seres sencientes que falham em realizar a natureza imutável de dharmata, seus locais de permanência, tempos, ciclos de vida, circunstâncias, ações e pensamentos todos mudam, enquanto o dharmata permanece inalterado por quaisquer circunstâncias ou emoções. Ao contrário dos locais de permanência excelentes dos campos búdicos ou as terríveis moradas dos seres samsáricos, a natureza imutável de dharmata não está sujeita a conceitos de bom ou mau. Ela é imutável ao repousar relaxadamente, sem artifícios ou esforços - este é o local de permanência do dharmadhatu. A realização desta natureza é conhecida como a reunião de todos os locais de permanência em um único ponto essencial.

7. Lady Tsogyal perguntou ao mestre: Qual ponto essencial contém todos os caminhos?
O mestre respondeu: O caminho além da jornada é o ponto essencial que contém todos os caminhos. Todos os outros caminhos mudam e não perduram. O caminho da mente desperta está além da jornada no sentido de que a mente desperta essencialmente é a sua verdadeira natureza, o

espaço básico livre de erros, a natureza não dual do estado desperto lúcido. Assim, ao compreender como se engajar nele, não há um caminho para atravessar nem uma jornada. No momento em que você compreende esta natureza que transcende o ir e vir, não há base para um caminho concreto através do qual você poderia ser transportado por um veículo. E sendo não criado, ele é conhecido como o estado desperto indestrutível, como um vajra. A realização desta natureza é conhecida como a reunião de todos os caminhos em um único ponto essencial.

☸

8. Lady Tsogyal perguntou ao mestre: Qual ponto essencial contém todos os *kayas*?

O mestre respondeu: O dharmakaya imutável é o ponto essencial de todos os kayas. Todos os outros kayas mudam e não perduram. O dharmakaya permanece imaculado pelas limitações da substância e atributos. Ele não muda, pois esta forma não manifesta é indestrutível em todas as circunstâncias. Os kayas rotulados pelo pensamento, tais como os sambhogakayas e nirmanakayas, todos mudam. A palavra *kaya* é definida como indestrutível, pois permanece inalterada por qualquer circunstância. A compreensão e a realização desta natureza são conhecidas como a reunião de todos os kayas em um único ponto essencial.

☸

9. Lady Tsogyal perguntou ao mestre: Qual ponto essencial contém todas as falas?

O mestre respondeu: A fala da natureza insubstancial é o

ponto essencial que contém todas as falas. As outras falas mudam e não perduram; as falas dos seres sencientes aparecem como som e então cessam. Ao realizar a natureza insubstancial de dharmata, você compreende que as falas de todos os seres são desprovidas de substância concreta também. Os sons são a vacuidade audível, vazia de identidade. Eles ocorrem desimpedidos a partir da natureza vazia porque esta natureza autoexistente é insubstancial. A compreensão e a realização desta natureza são conhecidas como a reunião de todas as falas em um único ponto essencial.

10. Lady Tsogyal perguntou ao mestre: Qual ponto essencial contém todos os estados mentais?
O mestre respondeu: A igualdade livre de confusões é o ponto essencial que contém todos os estados mentais. Os outros estados mentais mudam e não perduram. A mente dos budas está livre da delusão e é não elaborada; ela é uma igualdade ilimitada na qual as falhas da confusão foram eliminadas e o estado desperto da sabedoria desabrochou.[5] O estado mental de um ser senciente falha em compreender a si mesmo, e os fenômenos superficiais, ilusórios do envolvimento com os veículos gerais são todos delusão. A mente desperta - livre de erros e não elaborada, livre das limitações do esforço e das lutas - contém cada estado mental dos budas. A compreensão e a realização desta natureza são conhecidas como a reunião de todos os estados mentais em um único ponto essencial.

---
5 "Eliminada" e "desabrochado" é um jogo de palavras com os dois componentes do termo tibetano para buda *(sang-gye)*.

❁

11. Lady Tsogyal perguntou ao mestre: Qual ponto essencial contém todos os *samayas*?

O mestre respondeu: A expansão total é o ponto essencial que contém todos os samayas, visto que ela está além da sustentação, de forma atemporal. Os outros samayas mudam e não perduram. A mente desperta é livre de falhas e obscurecimentos e, portanto, é pura e clara. Estando livre de objetos virtuosos a serem aceitos e de objetos enganosos a serem rejeitados, a mente desperta não consiste nem de algo a ser sustentado nem do ato de sustentar. Visto que não há oscilações em tal natureza, o não afastamento deste estado realizado é conhecido como a expansão total que transcende a sustentação de um samaya. Os incontáveis milhões de samayas genéricos podem ser quebrados e, portanto, a obrigam fortemente a sustentá-los. A compreensão e a realização desta natureza são conhecidas como a reunião de todos os samayas em um único ponto essencial.

❁

12. Lady Tsogyal perguntou ao mestre: Qual ponto essencial contém todas as virtudes?

O mestre respondeu: Um estado de total equilíbrio é o ponto essencial que contém todas as virtudes. Todas as outras virtudes mudam e não perduram. Em relação às virtudes da mente desperta, todas as virtudes espirituais se originam da mente. Quando sua mente é flexível, você está no comando de qualquer coisa que possa desejar. É exatamente igual à joia que realiza desejos que é a fonte que concede todas as necessidades e vontades. Em contraste, as virtudes menores do aprendizado distorcido não são como o equilíbrio total e não geram a perfeição. A realização e a estabilidade de uma mente flexível lhe dão total equilíbrio na perfeição das virtudes iluminadas. A compreensão e a realização desta natureza são conhecidas como a reunião de todas as virtudes em um único ponto essencial.

13. Lady Tsogyal perguntou ao mestre: Qual ponto essencial contém todas as atividades?

O mestre respondeu: A completitude espontânea além do esforço é o ponto essencial que contém todas as atividades. Todas as outras atividades mudam e não perduram. Desde o princípio sua mente autoconhecedora é uma presença não fabricada espontânea; assim, visto que seu propósito já está completo, ela não é algo que uma atividade possa realizar através de esforço e tentativas. Todos aqueles engajados nos ensinamentos de causa e efeito acreditam que alcançarão um estado desperto que resulta do esforço e da luta; mas esta atividade essencial é como a afirmação: "Todas as atividades são completadas ao estabelecer-se no estado livre de esforços. Livre de esforços, o dharmakaya é atingido." A compreensão e a realização desta natureza são conhecidas como a reunião de todas as atividades em um único ponto essencial.

14. Lady Tsogyal perguntou ao mestre: Qual ponto essencial contém todos os aspectos do mantra secreto?

O mestre respondeu: O mantra secreto da essência absoluta é o ponto essencial que contém todos os aspectos do mantra secreto. Todos os outros aspectos mudam e não perduram. Saber disto é a essência do mantra secreto. Entretanto, apesar de a natureza vazia desta sabedoria estar presente em todas as pessoas, ela permanece um segredo pela dificuldade de ser realizada por todos. A identidade do mantra secreto da essência absoluta é inefável e não fabricada desde o princípio e, portanto, permanece em segredo.

Ela é o mantra secreto da essência absoluta porque esta essência, revelada através da instrução absoluta, é a causa para a realização do estado búdico. Esperar alcançar o estado búdico através do esforço laborioso no cultivo de uma deidade e recitação do mantra é amarrar o Buda através do desejo intenso. A crença de que a realização desta natureza pode ser conquistada pelo esforço é como a afirmação: "Atingir algo não leva ao estado dos budas, visto que ainda se está preso pela tentativa de atingir". Portanto, ao compreender que ele está espontaneamente presente em você, o estado desperto de um buda não é um objeto a ser atingido. A compreensão e a realização desta natureza são conhecidas como a reunião de tudo o que pode ser atingido em um único ponto essencial.

15. Lady Tsogyal perguntou ao mestre: Qual ponto essencial contém todas as aspirações?

O mestre respondeu: A ausência de esperança e medo é o ponto essencial que contém todas as aspirações. Todas as outras aspirações mudam e não perduram. Em outras palavras, seguir e engajar-se nos veículos das perspectivas gerais é sustentar uma visão dualista de esperança e medo. A aspiração no veículo *vajra* do mantra secreto transcende a dualidade de esperança e medo, como o rastro do voo de um pássaro.[6] É como a afirmação: "O caminho da perfeição é acessado sem trilhar o caminho em cinco etapas. O caminho do Buda é atravessado sem desejos." No momento em que você simplesmente reconhece o estado livre de erros da mente desperta, o dharmadhatu que, por natureza, está espontaneamente presente, você nem espera atingir o estado búdico nem teme cair no samsara. Os desejos são fundamentalmente eliminados e os caminhos estão fundamentalmente além da travessia. A compreensão e a realização desta natureza são conhecidas como a reunião de todas as aspirações em um único ponto essencial.

16. Lady Tsogyal perguntou ao mestre: Qual ponto essencial contém todos os treinamentos de meditação?[7]
O mestre respondeu: O fluxo da não meditação livre de elaborações é o ponto essencial que contém todos os treinamentos de meditação. Todos os outros treinamentos mudam e não perduram.

---

6 O rastro do voo de um pássaro é o rastro que ele deixa para trás ao voar: não há nada a ser visto.

7 A palavra tibetana *gom*, que normalmente é traduzida como "meditar", carrega os significados de cultivar, habituar-se, familiarizar-se e treinar. Aqui, "treinamentos de meditação" é usado para abranger ambas as conotações.

*Treine, destreinada, em um estado livre
de pensamentos.
Permita que o treinamento esteja na simplicidade.
Não há razão aqui para treinar.
Também não há meditador.
O ponto essencial do verdadeiro treinamento
É a realização desta completa ausência.*

A meditação com esforço dos veículos gerais é ensinada de uma forma amarrada a conceitos de luta e conquista e, portanto, não traz liberação. Assim, a compreensão desta não meditação da presença natural é conhecida como a reunião de todos os treinamentos de meditação em um único ponto essencial.

❖

17. Lady Tsogyal perguntou ao mestre: Qual ponto essencial contém todos os tipos de conduta?

O mestre respondeu: A não ação é o ponto essencial que contém todos os tipos de conduta.[8] Os outros tipos de conduta mudam e não perduram. Permita que as ações aconteçam enquanto permanece livre de esforços e todas as atividades serão realizadas. Seguir pensamentos e tendências é estar envolvido nos darmas de causa e efeito, os veículos gerais dos seres sencientes.

Então, o que significa a não ação? A conduta que não está envolvida pela dualidade de esperança e medo é tal que, independente dos darmas com os quais você se enga-

---

8 A palavra tibetana *chöpa* pode ser traduzida como "prática", "conduta", "ação" ou "fazer", bem como "desfrutar", "participar" ou "engajar-se".

jar, repousando na equanimidade da ausência de esforços você está livre do anseio deliberado e apegado. Repousar na natureza da equanimidade livre de esforços, não importando o que você perceba ou pense, é a conduta de todos os budas. A compreensão e a realização disto são conhecidas como a reunião de todos os tipos de conduta em um único ponto essencial.

18. Lady Tsogyal perguntou ao mestre: Qual ponto essencial contém todos os tipos de fruição?
O mestre respondeu: O verdadeiro e completo estado búdico é o ponto essencial que contém todos os tipos de fruição. Todos os outros resultados mudam e não perduram. O verdadeiro e completo estado búdico está livre dos limites de permanência e aniquilação. Transcendendo todos os tipos de objetos concretos, ele é imutável e nem nasce nem cessa. Transcendendo as dimensões, é como a afirmação:

> O dharmakaya é, por si mesmo, uma pureza perfeita.
> Uma experiência pessoal, a natureza indivisa, básica.
> Este conhecimento, sereno como o estado de dharmata,
> A fruição suprema que transcende qualquer realização,
> Brota de você e dentro de você é alcançada.

Por outro lado, aqui não é ensinado que a liberação é

alcançada pela crença, como nos veículos gerais, de que a fruição do estado búdico é atingida em algum outro lugar. A compreensão e a realização desta natureza são conhecidas como a reunião de todos os tipos de fruição em um único ponto essencial.

Para beneficiar as gerações futuras, eu, Tsogyal, ocultei estas 21 instruções essenciais que condensam a realização de todos os budas.[9] A realização da pessoa valorosa de destino cármico enfraquecerá se ela as propagar amplamente logo após recebê-las. Assim, oculte o fato de que elas são tesouros terma, e apenas as propague gradualmente. Isto completa "As 21 instruções essenciais".

SELO DE TESOURO.
SELO DE OCULTAÇÃO.
SELO DE CONFIANÇA.

---

[9] O título deste capítulo é "21 Instruções Essenciais", mas infelizmente, os vários textos fonte contêm respostas para 18 questões. As três questões restantes ou estão contidas dentro das outras, ou se perderam ao longo dos séculos de cópias manuais dos textos.

4
A INSTRUÇÃO APONTANDO PARA A VELHA SENHORA

Quando o nirmanakaya, o mestre Padmasambava, foi convidado pelo rei Trisong Deutsen e residia no glorioso Samye na Rocha Vermelha, a virtuosa senhora de Tön, uma mulher de extraordinária devoção, enviou sua atendente, a senhora de Margong, cujo nome era Rinchen Tso, para oferecer a ele uma refeição matinal de coalhada com pedaços de uva.

Mais tarde, quando o mestre estava em seu caminho para Samye Chimphu, no momento em que passava pelo portão, a senhora de Tön prostrou-se na estrada e o circum-ambulou, juntando as mãos em prece diante dele, e disse: "Por favor, grande mestre. Você está prestes a partir e esta velha senhora está prestes a morrer.

Em primeiro lugar, como eu nasci mulher, tive um nascimento inferior. Tendo me distraído com as atividades, esqueci o Darma. Em segundo lugar, possuindo uma inteligência inferior, minhas capacidades são fracas. Em terceiro, sinto-me obscurecida pela minha avançada idade e minha mente não é clara.

Por favor, grande mestre, conceda a esta velha mulher uma instrução que requeira pouco esforço, que seja simples de absorver, fácil de aplicar e muito efetiva. Por favor, ofereça uma instrução para uma velha mulher que morrerá em breve."

> *O mestre respondeu: Velha Senhora, quem é você?*
> *A velha mulher respondeu: Eu sou aquela que tem enviado uma tigela de coalhada por uma donzela humilde.*
> *O mestre alegremente disse: Você é certamente alguém que possui maior devoção que Trisong Deutsen.*

Então, ele instruiu a velha senhora e sua atendente com estas palavras: Velha mulher, assuma a postura de pernas cruzadas e mantenha seu corpo ereto. Por um breve instante, apenas permaneça com a atenção totalmente relaxada.

O mestre apontou seu dedo para o coração da velha senhora e deu esta instrução: Velha mulher, ouça-me. Se lhe perguntarem qual a diferença entre a mente do verdadeiramente perfeito Buda e a mente dos seres sencientes dos três reinos, ela nada mais é que a diferença entre realizar ou não a natureza da mente.

Como os seres sencientes falham em realizar esta natureza, surge a delusão e, a partir desta ignorância, as miríades de tipos de sofrimentos decorrem. Assim, os seres vagueiam pelo samsara. O material básico do estado búdico está dentro deles, mas eles falham em reconhecê-lo.

Em primeiro lugar, o material básico do estado búdico está dentro de você. Especificamente, ele está nos seres humanos que obtiveram as liberdades e riquezas. Além do mais, não é verdade que o material básico para o estado búdico seja abundante nos homens e deficiente nas mulheres. Assim, mesmo que tenha renascido como uma mulher, você não está impedida de alcançar o estado búdico.

As 84 mil portas do Darma foram ensinadas para reconhecer e realizar a mente de sabedoria dos budas, mas esta compreensão está contida nas três palavras de instrução do mestre. Assim, mesmo que seja de inteligência inferior e possua fracas capacidades, você não se encontra em desvantagem.

O significado do Darma, a mente búdica, e as três palavras de instrução do mestre são estes: Ao purificar os objetos percebidos externamente, suas percepções são liberadas em si mesmas. Ao purificar a mente interna que percebe, sua consciência primordial livre de fixações é liberada em si mesma. Como o estado desperto lúcido entre ambos é encantador, você reconhece sua própria natureza.

Como são purificados os objetos percebidos externamente? Esta consciência primordial do momento presente, o estado desperto de sua mente, não é maculada pelo pensamento e se percebe como um brilho natural. Permita que ela repouse assim e os objetos serão percebidos sem que haja fixação a eles. Desta forma, não importa como as aparências surjam, na verdade elas não são reais nem sustentadas como sendo coisas reais. Não importa o que você perceba, seja terra ou rochas, montanhas ou penhascos, plantas ou árvores, casas ou castelos, bens ou utensílios, amigos ou inimigos, membros da família ou companheiros, marido ou esposa, filhos ou filhas - em relação a todos eles e a todas as outras coisas - você permanece sem se envolver na atitude de clamar qualquer posse sobre eles; e, assim, são percebidos, mas não sustentados como sendo desta forma. Ao libertar-se da fixação a qualquer tipo de coisa, você será purificada dos objetos percebidos externamente.

A purificação dos objetos não significa que você deixa de percebê-los. Significa não sustentar e não se fixar enquanto você se mantém luminosa e vazia. Como no exemplo dos reflexos em um espelho eles aparecem, mas são vazios no sentido de que não há ao que se agarrar, e suas percepções são conhecidas como *percepções ocorrendo para você mesma*.

Através da purificação da mente interna que percebe, aqui está a instrução para liberar a consciência primordial livre de fixações em si mesma: Não importa o que ocorra em sua mente - o fluxo de pensamentos, memórias ou as cinco emoções venenosas - ao não colocar o foco sobre eles o movimento desaparece por si mesmo; assim, você não é maculada pelas falhas do pensamento.

Estar livre de falhas internamente não significa se tornar uma pedra inerte. Significa que sua consciência primordial permanece livre das falhas do pensamento, como o exemplo de ir para uma ilha de ouro precioso; nessa ilha de ouro nem mesmo a palavra "pedra" existe. Da mesma forma, uma vez que seu processo de pensamento se dissolve no estado desperto original, não há nem mesmo a palavra "pensamento".

Como o estado desperto lúcido entre ambos é encantador, aqui está a instrução para reconhecer a sua própria natureza: Enquanto pratica, livre da ignorância, a sua própria consciência é clara, pura e desperta. Ao praticar você tem a experiência de que o seu estado desperto autoexistente, inato, não é nem maculado por uma atitude conceitual nem pela fixação à bem-aventurança, à clareza ou à ausência de pensamentos. Como isso, por si mesmo, é a mente búdica, você reconheceu sua própria natureza.

É como o exemplo de não precisar imaginar que sua mãe é a sua mãe, pois você não sentirá medo com o pensamento de que ela não é a sua mãe. De modo similar, quando sua consciência primordial reconhece que ela é a natureza inata de dharmata, você não mais imaginará erroneamente que os fenômenos do samsara são a natureza inata - mesmo sem conhecê-la, você nunca esteve separada desta natureza inata de dharmata.

Sendo isto conhecido como o treinamento não fabricado, a mãe de dharmata é o fato de que todos os fenômenos são desprovidos de natureza própria; o local de permanência de dharmata é o reconhecimento de que eles são desprovidos de natureza própria; e *conhecer sua própria natureza por si mesma* é assim chamado porque você reconhece que a sua consciência primordial é o espaço inato do dharmadhatu.

Ao reconhecer isto, não há nem nascimento superior nem inferior, atividades mais elevadas ou menores, nem intelectos mais aguçados ou mais fracos, nem inteligências maiores ou menores, nem conhecimento vasto ou estreito, nem idade avançada ou pouca idade, nem mente clara ou obscurecida.

Esta é uma instrução de pequena dificuldade, mas simples de absorver, fácil de aplicar, e muito efetiva, com a qual você não terá medo no momento da morte. Velha senhora, pratique-a! Seja diligente, pois a vida não espera! Você não recebe recompensas por se escravizar para marido e filhos, portanto não retorne de mãos vazias, mas leve consigo as provisões das instruções de seu mestre! As tarefas desta vida são infindáveis; assim, alcance a perfeição na prática de meditação!

Velha senhora, guarde este conselho como sua escolta para permanecer destemida no momento da morte!

Assim ele disse. Uma vez que o mestre deu esta instrução enquanto apontava seu dedo para o coração da velha mulher, ela é conhecida como "A instrução 'Apontando para a Velha Senhora'". Ao ouvi-la, a velha senhora e sua atendente foram ambas liberadas e atingiram a realização.

Lady Tsogyal de Kharchen colocou-a por escrito para o benefício das gerações futuras. Ela foi escrita na ladeira sul de Samye, no 17º dia do segundo mês do verão no Ano da Lebre.

> *Ocultada como um tesouro terma para o benefício das gerações futuras,*
> *Possa ela ser encontrada por uma emanação valorosa!*
> *Possa ela instruir os seres de forma apropriada!*
> *Através dela, possam os seres destinados liberar seus fluxos de ser!*

SELO, SELO, SELO.

5
Descer mantendo a visão superior

NAMO GHURU

O mestre Padmasambava, cuja realização é igual à do verdadeira e completamente desperto Samantabadra, que possuía em sua mente todos os ensinamentos sobre a visão e a meditação e nunca se desviava do verdadeiro significado, foi inquirido pela Lady Tsogyal de Kharchen a respeito dos pontos-chave para determinar a realização de descer mantendo a visão superior.

A senhora de Kharchen perguntou ao Mestre do Lótus: De onde tudo o que aparece e existe, os fenômenos do samsara e do nirvana, originalmente surge?

O mestre respondeu: Tudo o que aparece e existe, os fenômenos do samular. Há três tipos de rotulação: rótulos mentais, rótulos cognitivos e rótulos verbalizados. Os rótulos mentais fazem com que os pensamentos se movam; os rótulos cognitivos constroem as tendências habituais; e os rótulos verbalizados manifestam os múltiplos objetos. Portanto, seria melhor se você deixasse de rotular.

Lady Tsogyal perguntou ao mestre: Como alguém se torna livre da atribuição de rótulos?

O mestre respondeu: Quando você se liberta da atividade do pensamento da rotulação mental, estará livre dos rótulos cognitivos "bom" e "mau". E quando estiver livre deles, também estará livre da atribuição dos nomes da rotulação verbal. Ao se libertar da multidão de hábitos de sonho, você estará livre da rotulação de nomes. Ao se libertar dela, você estará livre do rótulo "bardo", e livre dele estará livre do rótulo "nascimento e morte". Ao se libertar deles, você terá cessado o fluxo de renascimentos samsáricos.

Todos os fenômenos são nomes rotulados pelos pensamentos. Esses nomes não são reais, portanto, seria melhor se libertar da rotulação.

A senhora perguntou: Qual é o caminho para se libertar da rotulação?

O mestre respondeu: Os fenômenos do samsara e do nirvana - mesmo que ao serem rotulados e conceituados possam parecer agradáveis ou repulsivos; prazerosos ou dolorosos; como eu, eu mesmo e outros; e assim por diante - todos se dissolvem naturalmente quando você nem altera os seus nomes nem lhes atribui quaisquer rótulos, mas os deixa em seu estado natural.

Lady Tsogyal perguntou ao mestre: Qual é o ponto de encontro que está além de budas e seres sencientes?

O mestre respondeu: Quando não há nem budas nem seres sencientes[10] [o estado natural] está além de conhecimento ou ignorância, além de realização e ausência de realização, além de real e irreal, bom ou mau, livre de todos os tipos de rotulação.

Lady Tsogyal perguntou ao mestre: Então, como os seres sencientes são deludidos nesta rotulação?

O mestre respondeu: O ego surge a partir daquilo onde não há nada a rotular. À medida que esta tendência habitual à crença no ego se solidifica, nomes são formados como "pai" e "mãe", "filho" e "posses", "inimigo" e "amigo", "objetos dos sentidos" e assim por diante. Desta forma a crença no ego e a rotulação os deludem nos seis reinos.

❈

Lady Tsogyal perguntou ao mestre: Então, como alguém atinge a iluminação?

O mestre respondeu:

Você não é iluminada através de darmas fabricados;
Você precisa de um darma além da fabricação.
Você não é iluminada através de darmas indicados;

---

10 Isto se refere ao tempo primordial, anterior à existência de budas a partir da realização, e de seres sencientes por causa da não realização da natureza da mente.

Você precisa de um darma além da indicação.

Você não é iluminada através de darmas explicados;
Você precisa de um darma além da explicação.

Você não é iluminada através de darmas cultivados;
Você precisa de um darma além do cultivo.

Não faça nada. Não vá a lugar algum.
Não pense. Não construa.
Não julgue. Não foque.
Não sustente. Não tenha objetivos. Não se fixe.
Sem qualquer coisa de qualquer tipo, simplesmente permaneça.[11]
Nem mesmo rotule isto "Buda".
O dharmakaya está além do pensamento, palavra e descrição.

Lady Tsogyal perguntou ao mestre: Esta não é a natureza da não ação?
O mestre respondeu:

Apesar de não ser qualquer tipo de coisa por si mesma,
Sua experiência é a de que qualquer percepção pode ocorrer.

---

11 A versão do *Lama Gongdü* diz aqui: "Sem qualquer coisa de qualquer tipo, permaneça no estado natural."

*Apesar de não ser qualquer tipo de coisa
concreta,
Ela serve como base para as miríades de
coisas.
Apesar de não haver nem mesmo um átomo
para indicá-la,
Ela serve como a expressão para todas as
indicações.[12]
Apesar de ela não sustentar qualquer apego
ou fixação,
Ela é a fundação para todas as coisas.
Apesar de ser livre de todos os nascimentos e
mortes,
Ela serve como base para doença, envelheci-
mento e morte.*

*Não a fabrique. Não a modifique.
Permaneça livre de construções mentais
Como abertura primordial, o seu estado
original.
Samsara e nirvana se dissolvem nos seus
próprios lugares.
O seu inimigo mais profundo, a crença no
ego, naturalmente é enfraquecido.
O presságio do medo foi transformado na-
quilo que é auspicioso.*

---

12 A versão do *Lama Gongdü* diz aqui: "Ela serve como a raiz de todas as indicações." A diferença em tibetano é pequena: "raiz" é soletrada *rtsa*, enquanto que "expressão" é soletrada *rtsal*.

Lady Tsogyal perguntou ao mestre: É a mente a base para as falhas?

O mestre respondeu:

A ausência de realização é a base para as falhas.
Realize a natureza da mente como vazia em essência.
Dentro deste vasto e vazio dharmakaya
Não podem viver as falhas e as máculas.
Assim, os budas dos três tempos
Despertam ao realizarem a natureza da mente.

Tome a firme decisão de que as falhas não possuem base inerente.

Lady Tsogyal perguntou ao mestre: São os objetos e a mente duais?

O mestre respondeu:

Os objetos vistos são a manifestação da mente.
As muitas manifestações são a exibição de sua mente.
E como todas elas são vazias em essência,
Os objetos vistos podem se dissolver e não precisam ser rejeitados.

Tome a firme decisão de que os objetos e a mente não são duais.

Lady Tsogyal perguntou ao mestre: O estado búdico deveria ser alcançado em algum outro lugar?
O mestre respondeu:

> *Todos os budas que repousam nos três tempos*
> *Realizaram suas mentes como estando além*
> *do nascimento.*
> *A partir desse estado de não nascimento a sua*
> *exibição*
> *Surgiu como os três kayas*
> *E não pode ser atingida de outra forma.*

Tome uma firme decisão sobre isto.

Lady Tsogyal perguntou ao mestre: Qual é a confiança livre do temor da mudança e da transmigração?
O mestre respondeu: Mudança e transmigração são rótulos criados por pessoas mundanas. Quando você tiver aperfeiçoado o poder da sabedoria intrínseca e sempre permanecer no estado imutável da grande igualdade, poderá tomar a firme decisão de que fundamentalmente não há mudança e transmigração.

Lady Tsogyal perguntou ao mestre: Onde encontramos um ponto de permanência que seja destemido diante da morte?

O mestre respondeu: Ao realizar que a natureza de sua mente nunca nasce, pode parecer que você troca de corpos, mas nunca se move do dharmakaya lúcido e vazio, a natureza de sua mente. Você pode tomar uma firme decisão sobre isto.

Lady Tsogyal perguntou ao mestre: O que é o abismo das seis classes de seres?

O mestre respondeu: Aquilo que aparece como os múltiplos sofrimentos das seis classes de seres não é criado por outra pessoa. Isto acontece porque você falha no reconhecimento de sua própria natureza.[13] É a sua própria mente que prejudica a si mesma. Você pode e deveria tomar a firme decisão de que a grande vacuidade da sua mente está livre da base e da raiz do sofrimento.

Lady Tsogyal perguntou ao mestre: Esta natureza da mente pode ser maculada pelo carma e pelas tendências habituais?

O mestre respondeu: Carma e tendências habituais, assim como tudo o que é virtuoso - bons pensamentos, meditação e objetos de meditação - são a mente. Pensamentos negativos e o que cria a não virtude também são a mente. Uma vez que esta mente nunca nasce e é vazia, insubstancial e amplamente aberta, você pode tomar a firme decisão de que ela não pode ser maculada por qualquer carma virtuoso ou não virtuoso.

---

13 A versão do *Lama Gongdü* diz aqui: "Isto aparece de você, mas você não realiza isto."

Lady Tsogyal perguntou ao mestre: Existe algum abismo em que alguém possa cair?
O mestre respondeu:

> A raiz da queda é um pensamento próprio seu.
> O local da queda é um abismo que é você mesma.
> O medo de cair é o pensamento desconfiado de sua mente.
> O samsara é a forma deludida de sua mente.
> Assim, quando você vê que a sua mente é a vastidão do dharmakaya,
> Os mundos dos seis seres nada mais são do que campos búdicos.

Você pode tomar uma firme decisão sobre isto.

Lady Tsogyal perguntou ao mestre: É possível que a visão caia em qualquer parcialidade?
O mestre respondeu:

> A visão livre de desvios
> É imparcial como o céu.
> Tudo é mente e a própria mente é vazia
> E livre de parcialidade, assim como o céu.

Você pode tomar uma firme decisão sobre isto.

Lady Tsogyal perguntou ao mestre: Aquilo que cultivamos em meditação pode ser realmente obscurecido ou esclarecido?

O mestre respondeu:

Repouse como o dharmata imutável
Na essência vazia de sua mente.
Este estado desperto é incessante e não dual,
E lúcido como a esfera do sol.

Você pode tomar a firme decisão de que isto está basicamente além do obscurecimento.

Lady Tsogyal perguntou ao mestre: Há algo na conduta a ser adotado ou evitado?

O mestre respondeu:

A conduta livre de qualquer coisa a adotar ou
a evitar
É como uma bola de cristal perfeita
Colocada sobre uma almofada de seda de
cinco tons.
Tudo o que fizer é a própria mente, vazia e
lúcida,
Que não é feita de falhas ou qualidades.
Tudo o que você vê ocorre por si mesmo,
dissolve-se por si mesmo.

Você pode tomar uma firme decisão sobre isto.

Lady Tsogyal perguntou ao mestre: Existe alguma fruição a ser alcançada de algum outro lugar?
O mestre respondeu:

> *Presente em você mesma, ela não pode ser alcançada.*
> *Como a preciosa joia dos desejos,*
> *Todos os desejos e aspirações são realizados por você mesma.*
> *Da mesma forma, o estado búdico com todas as suas supremas virtudes*
> *Surge da realização de sua própria mente.*
> *A sua mente desde o início primordial é o dharmakaya presente por si mesmo.*

Você pode tomar uma firme decisão sobre isto.

Lady Tsogyal perguntou ao mestre: Deveríamos considerar as aparências externas imperfeitas?
O mestre respondeu:

> *Não aponte falhas nas coisas externas;*
> *Como uma manifestação pessoal elas não possuem substância.*
> *Assim como os reflexos em um espelho*
> *Elas são vistas, mas não estão realmente ali.*

Você pode tomar uma firme decisão sobre isto.

Lady Tsogyal perguntou ao mestre: Deveríamos considerar nossos pensamentos como imperfeitos?
O mestre respondeu:

> Não veja os pensamentos como falhos.
> Como as ondas sobre o oceano,
> Qualquer pensamento que possa surgir
> Na vacuidade silenciosa que é a sua mente
> Nada mais é que uma manifestação de dharmata.

Você pode tomar uma firme decisão sobre isto.

Lady Tsogyal perguntou ao mestre: Deveríamos nos apoiar em raízes condicionadas de virtude?
O mestre respondeu:

> Os darmas fabricados são todos mente conceitual.
> Assim, todos os darmas condicionados perecem.
> Dharmata, entretanto, está presente por si mesmo atemporalmente.
> Liberte-se do esforço nas virtudes condicionadas, materiais.

Você pode tomar uma firme decisão sobre isto.

Lady Tsogyal perguntou ao mestre: O estado desperto original pode se manifestar ou desaparecer?

O mestre respondeu:

> O conhecimento desperto surgindo em você
> É lúcido por si mesmo desde o princípio,
> Assim, sua identidade é a luminosidade natural, livre de um lado externo ou interno.
> Este estado desperto é o conhecimento vasto, presente por si mesmo e natural.

Você pode tomar uma firme decisão sobre isto.

Lady Tsogyal perguntou ao mestre: Causa e resultado podem ser divididos em dois?

O mestre respondeu:

> Cada ser possui a essência da iluminação,
> Budas atemporais, sem divisões em causa ou resultado.
> Não há nenhuma "coisa" nova a ser encontrada ou alcançada.

Você pode tomar uma firme decisão sobre isto.

Lady Tsogyal perguntou ao mestre: Amor e ódio deveriam ser rejeitados?

O mestre respondeu:

*Os cinco venenos não devem ser rejeitados,
Nem o estado desperto é uma "coisa" a ser alcançada.
Um inimigo não é uma marca para o ódio,
Nem você deveria se prender aos amigos com amor.*

Sua mente vazia é o realizador de tudo, assim, você pode tomar a firme decisão de que as cinco emoções venenosas se dissolvem por si mesmas.

Lady Tsogyal perguntou ao mestre: O samsara e o nirvana são respectivamente mau e bom?
O mestre respondeu:

*Condicionada é a natureza do samsara.
Condicionada quer dizer irreal e transitória.
A natureza desta transitoriedade é a vacuidade,
Uma vastidão atemporal, vazia, além de bom ou mau.*

Você pode tomar uma firme decisão sobre isto.

Lady Tsogyal perguntou ao mestre: Como os três kayas estão presentes dentro de nós mesmos?
O mestre respondeu: A natureza vazia da mente é o dharmakaya; sua capacidade cognitiva é o sambhogakaya; e sua qualidade ilimitada é o nirmanakaya. Essencialmente livres dos três venenos, você pode tomar a firme decisão de que os três kayas estão primordialmente presentes em você.

Lady Tsogyal perguntou ao mestre: A natureza de dharmata pode ser aplicada na prática?
O mestre respondeu:

> *Ao realizar a mente, sua natureza vazia,*
> *Você vê que o estado búdico não é um*
> *lugar que precisa alcançar.*
> *Nem ele é conquistado tomando refúgio nas*
> *Três Joias.*
> *Ele não é um produto, um darma criado através de esforço ou realização.*

Você pode tomar uma firme decisão sobre isto.

Lady Tsogyal perguntou ao mestre: É possível cairmos no samsara?
O mestre respondeu:

> *Na natureza vazia de sua mente*
> *Você não pode encontrar uma base para o*
> *samsara.*
> *A raiz do samsara, uma pureza atemporal,*
> *É o estado desperto não deludido que não*
> *pode cair.*

Você pode tomar uma firme decisão sobre isto.

Lady Tsogyal perguntou ao mestre: Há um agente na prática do Darma?

O mestre respondeu:

> *Na essência da sabedoria intrínseca, uma vacuidade primordial,*
> *Nem um possuidor nem uma prática do Darma podem ser encontrados.*
> *O agente das dez ações virtuosas é primordialmente uma vacuidade.*
> *E assim, não há agente na sua prática do Darma.*

Você pode tomar uma firme decisão sobre isto.

Lady Tsogyal perguntou ao mestre: Deveríamos confiar em instruções pessoais?

O mestre respondeu:

> *A mente búdica é certamente sua própria natureza*
> *Presente de forma atemporal em você, não há necessidade de buscas.*
> *A sua simples sabedoria é o dharmakaya;*
> *Ele não pode lhe ser mostrado por outra pessoa.*

Você pode tomar uma firme decisão de que ele não precisa de instruções.

❀

Lady Tsogyal perguntou ao mestre: Os praticantes realizados ainda precisam assumir um renascimento?

O mestre respondeu:

Na natureza da mente que é como o céu
Não pode ser encontrada a força propulsora
do carma.
Assim, as portas do útero[14] dos seis tipos de
seres são abandonadas vazias.
Esgotadas estão as acumulações de tendências
e carma.

O reino tríplice do samsara é destruído desde
suas profundezas.
A esfera única que é a natureza de sua mente
É livre de mudanças e transmigrações, uma vez
que elas basicamente não existem.
Nascimento e morte são interrompidos a partir
de sua própria raiz.

A visão da natureza sem raízes de alaya
Evapora as correntes de nascimento e velhice,
doença e morte.
Inevitavelmente ela purifica todo o amadureci-
mento cármico,
Anula e torna inócuos os seis tipos de causas.

---

14 As entradas para o renascimento entre as seis classes de seres.

Sem rejeitá-lo, o samsara se dissolveu em si mesmo.
Sem atingi-lo, o nirvana foi alcançado.
Unificados, samsara e nirvana não são dois no dharmakaya.
Não há base para outro renascimento cármico.

Assim ele disse.

O mestre, então, disse: Tsogyal, esta instrução é o caminho trilhado pelos budas dos três tempos, visto que todos eles despertaram nesta natureza. É o caminho pelo qual os seres dos três reinos são liberados, uma vez que encontram a liberdade nesta natureza. Esta é a minha realização, Padma, portanto, Tsogyal, guarde-a em seu coração.

Ela disparará o medo nas pessoas que não possuírem a preparação cármica correta, que podem cair nos estados infernais por difamarem-na. Ela será um espelho para aqueles que possuem a fortuna cármica adequada, que podem atingir a liberação por simplesmente receberem o ensinamento. Portanto, não a propague agora, mas a enterre e sele-a como um tesouro precioso. Eu a confio a uma pessoa afortunada com a preparação cármica que abrirá a porta do tesouro.

Assim ele disse.

Este ciclo sobre a tomada de decisão, o conselho sobre como descer mantendo a visão superior, o Mestre do Lótus concedeu a Lady Tsogyal, extraindo a verdadeira quintessência de suas instruções orais. Ela o colocou por escrito no eremitério superior de Chimphu, no 18º dia do segundo mês do outono, no Ano da Lebre.

6

A GUIRLANDA DE CRISTAL
DA PRÁTICA DIÁRIA

Conselho para a prática diária combinando o significado com exemplos do "Relicário Secreto do Precioso Tesouro do Coração Pertencente à Vastidão Ilimitada", relativo ao Mahamudra do Estágio da Completitude no ciclo *Lama Gondü*

Namo Ghuru Dheva Dakkini Hung.

Homenagem à vastidão ilimitada,
o estado primordial de completitude dos três kayas.

Ao treinar na yoga do Mahamudra do Caminho como uma prática diária incessante, é essencial possuir estas instruções que combinam o significado com exemplos. Visto que a essência do sugata - a identidade dos três kayas - permanece em seu fluxo de ser, este ensinamento também é compreendido por três partes:

1. A instrução para o estabelecimento quando não estabelecido, que é como algemar um condenado.
2. A instrução para a estabilização quando estabelecido, que é como um homem cansado repousando.
3. A instrução para o aperfeiçoamento da estabilidade, que é como um viajante voltando para casa.

Além disso, o nirmanakaya é o estado em que a multidão de pensamentos foi eliminada; o sambhogakaya é a permanência imóvel a partir desse estado e o reconhecimento de que as sabedorias estão completas; o dharmakaya é a pureza que é livre de qualquer tipo de construção mental.

O exemplo para o fato dos três kayas estarem naturalmente presentes em um ser senciente é o de um príncipe perdido caminhando a pé. O exemplo para o reconhecimento deles e para experienciá-los a partir da instrução extraordinária de um mestre é o reconhecimento de que o príncipe é de descendência real. O exemplo para despertar na iluminação, reafirmando a base original e realizando a identidade dos primordialmente presentes três kayas devido ao treinamento neles, é o príncipe retomando o trono real.

De modo geral, os seres sencientes que estão atados por todos os tipos de grilhões circulam pelos três reinos vivendo nos mundos das seis classes de seres, e eles sofrem experiências dolorosas infindáveis. Tudo isto é causado pelo seu envolvimento com as 84 mil emoções negativas que estão enraizadas na crença em uma essência individual.

Apesar de as 84 mil portas do Darma serem ensinadas como métodos para se libertar deste demônio da crença na essência individual, os pontos-chave estão contidos no conselho profundo e essencial de um mestre sublime.

Explicando, a mente primordialmente pura contém a raiz de todos os fenômenos, e esta mente consiste de três aspectos: sua identidade, natureza e percepções.

A identidade da mente é o dharmakaya, uma pureza primordial e completa, livre de qualquer construção, seja qual for. Mas, falhando em reconhecer que isto é assim, esta ignorância forma a base para circular de forma cega.

A natureza da mente é a sabedoria não obscurecida, lúcida - radiante como o sol. Mas, falhando em reconhecer que esta é a expressão natural do estado desperto - que é tanto sábio quanto vazio - criamos a confusão, como o exemplo de uma criança pequena que acredita que seu próprio reflexo na água é uma aparição fantasmagórica de outra pessoa.

As percepções da mente, todos os movimentos do pensamento, são autossurgidos e se dissolvem por si mesmos, pois surgem a partir da mente e se dissolvem novamente na própria mente. Mas, falhando em compreender que eles são autossurgidos e que se dissolvem por si mesmos, os pensamentos produzem uma cadeia incessante de objetos e geram uma multiplicidade de formas mentais.

Desta forma, a base fundamental pode estar livre de confusão, porém a confusão nasce pelo desconhecimento do antídoto nos três exemplos. A base fundamental pode ser imaculada, mas a crença temporária em uma essência individual a obscurece. Este estado distorcido e descuidado cai então no limite do nirvana [passivo], e apesar de o [verdadeiro] nirvana - o estado desperto do Buda - estar presente em você mesmo, falhando em reconhecê-lo, ele não tem serventia.

De modo a reconhecê-lo, você precisa das instruções de um mestre assim como vários meios hábeis. As características de um mestre deveriam ser conhecidas através dos quatro ramos, e ele deveria ensinar através dos seis conjuntos de visão e meditação.

Primeiro, em relação aos quatro ramos, o mestre deveria fazer o seguinte:

- Compreender e realizar o estado de ser de cada pessoa como o ramo de liberar a natureza dela.
- Compreender e perceber os vários tipos de intelecto como o ramo de receber instrução.
- Aplicar-se sem conflito com o sistema geral do Darma como o ramo de confiar e não se cansar.
- Suplementar o que estiver incompleto com afirmações de numerosos mestres como o ramo da intensificação.

Em relação aos seis conjuntos de visão e meditação, primeiro temos as seis visões e meditações distorcidas a serem descartadas:

- Uma visão que carece de confiança é como uma pena soprada pelo vento.

- Um treinamento de meditação que carece de método é como um abutre com uma asa quebrada.
- Uma dedicação que carece de prática é como um líder confuso e equivocado.
- A experiência que carece dos sinais de progresso é como a colheita do outono destruída pelo gelo.
- Qualquer conduta que careça de estabilidade é como um homem cego perdido nas planícies setentrionais.
- Uma fruição que careça de reconhecimento é como uma criança pequena recebendo um baú cheio de ouro.

Aqui estão os seis conjuntos de visão e meditação com a confiança que surge com a sabedoria:

- Uma visão que possui a confiança do estado natural é como um abutre planando através dos céus.
- Um treinamento de meditação que possui meios hábeis e pontos essenciais é como uma cola forte na qual as moscas ficam grudadas.
- Possuir remédios adquiridos a partir da experiência é como um médico habilidoso diagnosticando a doença.
- A experiência que apresenta os sinais de progresso é como uma jovem donzela saboreando o prazer.
- A conduta que possui estabilidade é como usar esporas com um cavalo grande e veloz.
- Uma fruição que é livre de esperança e medo é como um viajante retornando para casa.

Primeiro, a visão é como o exemplo do abutre que precisa usar suas asas para subir até que tenha alcançado a vasta expansão do céu, mas assim que alcança o céu aberto pode planar sem esforço ou qualquer coisa para conquistar. Da mesma forma, neste caso, você deveria estabelecer a certeza da visão por meio de três pontos - as palavras do Conquistador, sua própria inteligência e as instruções de um mestre sublime - até que tenha realizado o estado natural. Então você pode repousar na realização da visão absoluta do estado natural e estará além de esforço e conquistas em corpo, fala e mente.

Além disso, reconheça que os objetos percebidos são sua própria mente, como ver algo nos seus sonhos. Da mesma forma, reconheça que esta mente é vazia, vendo-a como espaço vazio. Reconheça que esta vacuidade nunca nasce, como a percepção de que o espaço não é matéria nem possui características que o definam, e que ela está livre de quaisquer limitações, tais como nascer, cessar ou permanecer.

Reconheça que este não surgimento se dissolve por si mesmo, como a visão de que todo tipo de manifestação - assim como nuvens, névoa ou neblina - se desenrola na expansão do espaço, e naturalmente se dissolve nessa mesma expansão.

Enquanto isto é ensinado, os melhores alunos experimentarão o estado desperto autoexistente que se revela do seu interior, assim como o sol brilhando no céu, e serão liberados durante aquela mesma vida. O aluno mediano se estabelecerá nessa experiência de realização de forma fresca, ilimitada e natural, e será liberado através do treinamento de meditação. Falhando em alcançar a realização em seu fluxo de ser, o aluno inferior deve treinar usando *shamatha* como o método para alcançar realização, e será liberado assim que a realização gradualmente surgir em seu fluxo de ser.

Em seguida vem o treinamento de meditação que é como uma cola forte na qual uma mosca fica presa permanentemente. Como um iogue, você deveria colar na experiência de meditação sem interrupções. Ao fazer isso, deveria assumir os três pontos-chave de corpo, fala e mente. De forma claramente presente como a deidade *yidam*, visualize e suplique ao guru sobre a sua cabeça. Imagine milhões de dakinis dançando de formas variadas na base de cada pelo de seu corpo. Então, traga sua mente para dentro do corpo no nível do coração e permita que tanto corpo quanto mente estejam totalmente soltos, completamente livres. Cesse cada movimento da mente e os eventos mentais, e apenas se estabeleça. Corte completamente todos os tipos de pensamento - tais como ideias sobre perceber, ser vazio ou estratégias - visto que são todos produtos de sua própria mente. Ao aplicar os olhares dos três kayas, repouse no estado natural livre de ajustes - no estado contínuo da natureza desta mente, simplesmente como ela é - que é desperto, vazio e vivo.

Ao treinar desta forma, sempre permita que sua atenção permaneça tão livre de distrações quanto uma mãe cujo único filho morreu, tão ininterrupta quanto o fluxo de um rio, tão vigorosa quanto um mestre arqueiro que solta sua flecha, com uma concentração tão equilibrada quanto um brâmane girando o tear, tão livre de esperança e medo quanto um lunático, tão livre de apego e ponto de referência quanto uma criança pequena, tão elevado e aberto quanto o céu, tão brilhante e transbordante quanto um grande lago, tão livre de temor e timidez quanto um leão rondando pelas encostas das montanhas, tão livre de conceitos partidários quanto um rei governando seu país.[15] Em resumo, como um iogue, você deveria permanecer como uma equanimidade expansiva, sintonizando sua experiência com as instruções de seu mestre, aperfeiçoando-a até alcançar a certeza.

Durante os intervalos entre as sessões, dedique-se a expor os ensinamentos de causa e efeito, e a embasá-los com afirmações dos sutras e dos tantras. Use exemplos para ilustrá-los e relembre as vidas dos mestres realizados e outras histórias, de modo a inspirar confiança e alegria. Ensine os métodos para ajustar o estado físico e como se comportar.

Visto que a conduta é de importância primordial para estabilizar o treinamento de meditação, prolongue a meditação sempre que se sentir bem. Quando o seu estado físico não estiver bem - como quando tiver dor de cabeça, sentir o corpo pesado, náusea, aversão pela meditação ou raiva - renove-se de uma forma relaxada e alegre, deixando

---

15 Conceitos partidários de "eles e nós" em relação aos cidadãos.

corpo, fala e mente nos seus estados naturais. Movimente-se como desejar e medite por períodos curtos, mas numerosos.

Ao se sentir renovado, finalize a sessão enquanto estiver bem - nunca quando estiver desconfortável. Não finalize a sessão enquanto estiver obscurecido ou durante movimentos de pensamento, mas sim enquanto estiver experimentando clareza e ausência de pensamentos. Procure comida e bebida que sejam adequadas a sua constituição e siga o modo correto de conduta. Ao sustentar estes pontos você não se cansará com o treinamento de meditação. Terminar a sessão enquanto se sente bem faz com que mais tarde você retome a prática com alegria, e também assegura que as qualidades continuarão a se desenvolver em seu fluxo de ser.

Se acontecer de surgirem falhas durante esta prática de meditação, aqui está o terceiro ponto: os *remédios adquiridos pela experiência*, como um médico habilidoso diagnosticando uma doença. O envolvimento com o embotamento, a agitação e a letargia são falhas, e assim é vital reconhecê-los imediatamente. Portanto, elimine o embotamento, desperte do estado descuidado, retome o controle quando distraído e suavize a respiração quando agitado. Por que as falhas ocorrem? Elas surgem das falhas na permanência em imobilidade, da fixação ao esforço e de sustentar sessões longas demais.

As quatro causas para o embotamento são atividade, ocasião, alimento e roupas. Os remédios são estes: Reconheça o embotamento recordando suas limitações e foque sua atenção vigorosamente. Eleve seu ânimo. Aqueça seus olhos com as palmas das mãos e esfregue-os levemente. Aperte os olhos repetidamente e foque o seu olhar. Eleve a parte superior do tórax para se renovar. Use estas atividades para ganhar vigor. Sente-se em um local mais fresco. Toque címbalos, dance, faça exercícios de ioga e assim por diante. Se exagerar nestas atividades há o perigo de se desviar para um hábito negativo, assim, é importante renovar-se de uma forma equilibrada.

A letargia é como uma lamparina de manteiga com manteiga suja e um pavio sujo posicionados onde não há ar. Uma vez que a letargia é difícil de remediar, aqui está a instrução para expandir a energia da mente: Foque a atenção primeiro nas solas de seus pés, depois nos seus joelhos, no umbigo, depois no coração, na garganta, no seu crânio, e finalmente no topo de sua cabeça. Pratique assim gradualmente até ter clareza. Quando sentir esta clareza, continue até que sua consciência se expanda permeando todo o espaço. Alternadamente, imagine que todas as coisas são vazias e foque sua atenção em uma esfera do tamanho de uma ervilha - a união dos ventos e da mente - no centro de seu coração. Imagine que ela se torna maior e maior e então se transforma no seu guru. A radiância dela dissolve completamente o seu corpo e o corpo do guru em luz. Então, deixe sua atenção se estabelecer firmemente, sem se fixar a coisa alguma, no estado no qual esta luz desaparece como uma nuvem que se dissolve no céu. Como alternativa, você pode permanecer totalmente lúcido e transparente no estado em que o seu corpo é como uma tenda de seda branca ou um balão inflado.

O estado descuidado se origina da constrição da mente na imobilidade; portanto, imagine que está sentado nu no topo de uma montanha de gelo em meio a uma terrível nevasca e sustente sua atenção sobre isto sem oscilações.

Alternadamente, imagine que os seus quatro membros se tornaram um enorme oceano e você está de pé sobre a corda de um arco flutuando na superfície; ou então imagine que está suspenso sobre uma corda amarrada entre duas enormes montanhas.

O estado distraído, do qual deveríamos nos recuperar, também tem quatro causas:

- Muitas atividades e tarefas
- Inimigos desprezados
- Amigos amados
- Distração natural sem ponto focal específico.

Estas falhas se devem a não ter alcançado a decisão sobre a visão. Aqui estão os métodos para remediá-las:

Não tente suprimir estes estados mentais, pois isto não irá pará-los, e não siga quaisquer impressões dos sentidos. Ao invés disso, imagine esferas de luz do tamanho de um polegar à distância de um braço de seu corpo nas quatro direções, cada esfera estando firmemente conectada a você como se fosse com cordas de tenda. Mantenha sua atenção sem oscilações nesta visualização.

Alternativamente sustente sua atenção sem oscilações no centro de uma roda de um cúbito de altura girando diante de você. Ou, como no contexto de encontrar a sua mente, entregue-se à tarefa de procurar a mente por todos os lugares, dentro e fora, e estabeleça-se no estado de não encontrá-la.

Ou, ainda, foque exatamente o objeto de sua distração. Ou, quando um pensamento repentinamente aparecer, olhe primeiro para a sua origem, depois onde ele permanece, e finalmente para onde ele vai. Então, estabeleça-se no estado de não ter encontrado.

Ou você pode imaginar que seu corpo nu está flutuando levemente sobre a superfície de um oceano plácido e calmo e afunda na água. Ou então você pode manter sua atenção sobre qualquer coisa que seja jogada em um vaso que flutua parcialmente submerso sobre a calma superfície de um espaço de água. Ou você pode imaginar que está segurando uma tocha cujas chamas brilham preenchendo todo o universo. Depois de ter utilizado qualquer um destes métodos, aplique-se nos olhares dos três kayas.

Em geral, a agitação é a menor destas limitações; ela é como a chama de uma lamparina de manteiga queimando com brilho sendo agitada pelo fluxo do ar. Ela pode ser firmada contraindo a parte inferior enquanto é praticado o grande êxtase da porta inferior.

Se ainda permanecer obscurecido depois de praticar qualquer um destes métodos, é um sinal de falta de preparo cármico. Nesse caso esforce-se para reunir as acumulações.

Permanecer embotado é um sinal de ter difamado os objetos sublimes, assim, ofereça uma ablução para as representações de corpo, fala e mente iluminados. Gere devoção, faça súplicas e ofereça preces.

Estar inicialmente com clareza e depois ficar obscurecido é um sinal de estar sendo impedido pelos humores demoníacos de meditação da esperança e do medo. Assim, apresente uma *torma* generosa e uma oferenda de festim, e faça rituais de reparação e de desculpas. Esforce-se nos métodos para purificar as quebras e violações do samaya.

Se você ainda falhar na sustentação do estado meditativo através desses meios, então lance sua consciência na expansão do espaço acima de você. Da mesma forma você pode focar o espaço que se encontra abaixo, o espaço entre o céu e a terra, atrás, à frente, à direita ou à esquerda. Às vezes feche os olhos e foque o que se encontra diante de você.

Em alguns momentos vá para um prado elevado e fite o espaço, assobie um som agudo e treine em deixar sua atenção focada firmemente sobre uma visão, um som, um odor, um sabor ou uma textura, ou na forma de alguém que é amigável ou hostil com você. Quando finalmente estiver exausto terá uma experiência que é como um céu claro. Continue o treinamento de meditação enquanto se mantém sereno nesse estado.

De modo geral, uma pessoa com uma predominância de ar não deveria meditar em um local com muito vento, alguém com uma predominância de fleuma não deveria meditar em um local com muita sombra, e alguém sofrendo de uma desordem na bile deveria evitar meditar sob o sol.

Alguém que tenha uma predominância de ar ou que tenha uma doença induzida pelo frio deveria treinar nos pontos-chave do *tummo* envolvendo a essência e *atung*.[16] Às vezes visualize o fogo e dissipe as doenças do ar e do frio. Quando o calor tiver sido gerado, espalhe-o como um cobertor enquanto mantém o calor moderado. Além de dissipar um impedimento, o calor não deveria ser levado a um extremo.

Alguém com uma predominância de bile deveria treinar na forma oca.[17] A pessoa com predominância de calor deveria manter-se em locais sombreados, evitar lugares muito quentes e, em alguma medida, abster-se de comida e bebida ricas demais ou que induzam o calor. Não faça qualquer atividade que o deixe suado, e abstenha-se de tudo que traga estresse para a sua mente.

Dessa forma, fique longe de todos os tipos de atividades físicas, verbais ou mentais que prejudiquem o seu treinamento de meditação. Faça tudo que ajude sua meditação ou que seja efetivo para os pontos-chave de seu treinamento.

Em qualquer situação, para um treinamento de meditação autêntico é essencial abandonar todas as distra-

---

16 A essência é a sílaba branca na coroa da cabeça, e o *atung* se refere à pequena chama de calor interior na prática de tummo.

17 A "forma oca" se refere à forma insubstancial da deidade, cuja visualização combate a crença de que a identidade pessoal é um corpo de matéria sólida.

ções físicas, verbais ou mentais. O samadhi naturalmente ocorrerá quando estiver livre de distrações de corpo, fala e mente; as experiências de meditação resplandecerão e uma realização extraordinária nascerá em seu fluxo de ser. É difícil que uma pessoa que não se livre das distrações físicas, verbais ou mentais alcance um estado de meditação autêntico.

O estado meditativo de uma pessoa de pouco conhecimento, porém inteligente, cairá na maioria das vezes em especulações, mas o tipo de pessoa brilhante e de mente estável alcançará um estado meditativo que está de acordo com as escrituras. De qualquer forma, a fusão do profundo Darma do desenvolvimento e da completitude com o fluxo de ser origina-se de uma conexão cármica de vidas anteriores e da perseverança nesta vida. Ela não acontece para qualquer um.

Quarto, ao ter treinado desta forma, a experiência que possui os sinais de progresso é como uma jovem donzela que saboreia o prazer. Inicialmente, ela é como a água caindo de montanhas íngremes; em seguida, é como a água fluindo no leito de um rio; e, finalmente, ela é como um oceano tranquilo onde todas as bolhas se dissolveram. No início, ela é como uma pequena criança montando um cavalo; em seguida, é como um jovem dedicado à equitação; e, finalmente, é como um adulto que domina o seu cavalo e pode correr em qualquer lugar, morro acima ou abaixo. De início, ela é como o sol escondido pelas nuvens; depois, é como o sol em meio às nuvens; e, finalmente, é como o sol em um céu claro e límpido. De início, ela é como reconhecer um roubo; em seguida, é como investigar o ladrão; e, finalmente, é como o ladrão sendo preso. As experiências de shamata incluem as sensações de que:

- Não se possui um corpo;
- O corpo é firme e sem oscilações;
- O corpo está sendo pressionado de cima para baixo;
- Há um bem-estar sem qualquer tipo de dor;
- Você está flutuando no ar e os pulmões e o coração estão abertos como o espaço;
- O corpo é uma vacuidade visível como um corpo de arco-íris envolvido por um halo;
- Não há movimento perceptível da respiração;
- A consciência é lúcida e tranquila, radiante, clara e brilhante;
- Todas as percepções são evanescentes, transparentes e abertas, da cor da aurora, e são tremulantes;
- Há uma excitação e se prefere não interromper a sessão de meditação;
- Enquanto se está no estado de equilíbrio, todas as formas aparecem borradas;
- Toda a atividade mental cessa de modo que não há percepção;
- A consciência é tão brilhante quanto um céu claro;
- Há uma natural lucidez sem qualquer conceito ou fixação.

Quando estas experiências ocorrem, seja dia ou noite, elas são a experiência da perfeição em shamata.

As causas para shamata são:

- Estabelecer a base com disciplina pura;
- Estabilizá-la com o estágio do desenvolvimento e gerar força pela recitação;
- Visto que sua essência é a atenção não distraída, superar as emoções e os pensamentos;
- Finalmente, ela é alcançada através da força da atenção perfeita.

Em outras palavras, sua mente permanece na shamata autêntica quando todos os conceitos do pensamento distorcido forem conduzidos à imobilidade, quando não há distração devido a noções, e quando não há oscilação a partir da atenção mental única.

Estes métodos silenciam uma mente inquieta e aprisionam uma mente maldosa, como acorrentar um selvagem ou ladrão para que ele não possa se mover. Da mesma forma, confinar a atenção através de vários meios impede que os pensamentos se desviem para os objetos sensoriais e gera estabilidade.

Em resumo, estas foram as instruções nirmanakaya do verdadeiro Darma para eliminar a multidão de pensamentos da mente e para pacificar quaisquer conceitos devidos à crença em uma realidade sólida.

SAMAYA. ཨ

A instrução para estabilizar a imobilidade é como um homem exausto que encontra o descanso. Treinando da forma descrita acima, as experiências que confirmam o surgimento de shamatha como vipashyana incluem:

- Permanecer imóvel na natureza que nunca nasce;
- Confiança na verdadeira natureza da realidade;
- Um refinamento total de todos os sentidos e percepções;
- Um bem-estar cheio de êxtase permeando todas as partes do corpo físico de modo que há um sentimento de cair em gargalhadas;
- Verdadeiro deleite mental todo o tempo;
- Nenhum tipo de dúvidas sobre a inexistência das coisas e de que a mente não pode ser presa por nada.

Também pode haver o sentimento de ter se afastado do apego às aparências, ou o de um homem na plena capacidade de sua vida que acerta seu alvo com uma flecha em um terreno irregular.

Também pode haver outros tipos, tais como:

- Nunca se cansar da prática do Darma, que é como nunca ser traído por um velho e íntimo amigo;
- Os seis sentidos estão livres e sem limitações, como uma criança pequena ou um louco;
- Nenhum tipo de pensamento pode causar prejuízo, que é como ter identificado um ladrão;

- Ter se afastado do apego e da indolência, como uma jovem donzela que saboreia o prazer;
- A mente não se fixa mais às excitações mundanas, como um homem sábio olhando para um arco-íris;
- Ou, cada pensamento é reconhecido como sendo um não pensamento, que é como estar em uma ilha de ouro onde não é possível encontrar pedras comuns ou sujeira.

Outros sinais são:

- Os pensamentos se dissolvem em dharmata, como bolhas dissolvendo-se na água;
- O anseio pelos ensinamentos profundos, como uma mãe que não vê seu único filho há muito tempo;
- Descobrir a própria mente, como se você fosse um homem sem dinheiro que encontra riquezas;
- Compreender todos os ensinamentos profundos tão precisamente quanto a voz de um jovem pássaro *kalapinga*[18];
- A compaixão pelos seres que falham em realizar [a natureza da mente] brota tão espontaneamente quanto a luxúria em um homem jovem que vê uma bela mulher;
- Todas as aparências são visíveis, porém insubstanciais, como se fossem reflexos em um espelho;
- Todas as coisas concretas - tais como terra e pedras, rochas e montanhas, plantas e árvores - dissolvem-se como se fossem uma miragem tremulante;

---

18 O pássaro *kalapinga* é conhecido por sua voz extremamente clara e bela.

- Ver todas as pessoas e todos os seres sencientes como sendo reflexos, de forma que não há saudades por ninguém;
- Sentir-se como um céu límpido, água pura, um espelho limpo, um cristal imaculado - totalmente brilhante e livre de fixações;
- Sentir: "O que mais os conquistadores e seus herdeiros poderiam ter realizado?" e não suportar deixar este estado;
- O sentimento de bem-estar continua após levantar-se;
- A existência de uma atmosfera de confiança, pois você sente: "Tanto meu corpo quanto minha mente estão completamente serenos!";
- Sua mente é cativada pelo sabor da meditação, de forma que não há desejos por qualquer prazer sensorial;
- Ou sentir-se profundamente satisfeito pela natureza da certeza verdadeira.

Em resumo, você experimenta os três sabores da meditação da bem-aventurança, clareza e ausência de pensamentos.

A bem-aventurança inclui as duas experiências de bem-aventurança física e mental. A bem-aventurança física começa misturada com emoções, e depois está livre de emoções - uma bem-aventurança que permeia todo o corpo, da cabeça aos dedos dos pés, fora e dentro até que finalmente qualquer tipo de toque, seja quente, frio ou doloroso, traz um sentimento de completo êxtase. Desta forma, pode haver incontáveis tipos de experiências de bem-aventurança. A bem-aventurança mental é a completa ausência de desconforto mental e inclui incontáveis diferentes tipos de deleite e de prazer.

A experiência de clareza inclui a clareza dos cinco sentidos e a clareza mental. A clareza dos cinco sentidos é experimentada como:

- Enxergar os dez sinais[19] que indicam o domínio da mente interna;
- Enxergar vários tipos de seres sencientes e formas;
- Ouvir os sons de grandes tambores, ou ouvir e compreender as vozes dos menores insetos e muitos outros tipos de seres;
- Sentir o cheiro de *devas, nagas, yakshas* e assim por diante, assim como experimentar os vários tipos de percepções extrassensoriais através do cheiro;
- Saborear numerosos tipos de sabor com a sensação de experimentar a ambrosia imaculada ao saborear comida e bebida comuns;
- Sentir sensações de toque da mesma forma que as outras.

A clareza mental pode ser experimentada como:

- Uma profusão de conceitos sobre o que deveria ser descartado com quais remédios;
- Insights sobre a conexão entre inteligência, proliferação de pensamentos e interdependência externa e interna;

---

19 Os dez sinais são vistos como fumaça, miragens, chamas, vaga-lumes, a luz da lua, a luz do sol, o brilho do fogo, esferas vermelhas e brancas, arco-íris e estrelas cadentes.

- Brilho, lucidez e uma ausência de sono profundo ou embotamento mental;
- Ou o sentimento de compreender tudo, assim como incontáveis outros tipos de insights.

No início, a ausência de pensamentos é experimentada como uma atenção que permanece onde é direcionada, e com o gradual enfraquecimento dos pensamentos, até que a atenção permanece imóvel onde quer que seja posicionada. No final há a sensação de que a formação de pensamentos silenciou.

Depois que [os três humores da meditação de bem-aventurança, clareza e ausência de pensamentos] forem envolvidos pelo insight, a bem-aventurança será experimentada como o insight de que o prazer é insubstancial e, como resultado, a ausência do desejo pelo seu sabor. A clareza será experimentada como a compreensão de causa e efeito, assim como a ausência de estados dispersos e agitados. A ausência de pensamentos será experimentada como a realização de uma estabilidade não oscilante.

Depois de alcançar essas experiências, você chega ao quinto ponto: manter a conduta que possui estabilidade, que é como o exemplo de esporear um cavalo forte e veloz. Existem cinco tipos de conduta: a conduta sempre excelente, a conduta secreta, a conduta da disciplina da mente primordial, a conduta de grupo e a conduta da vitória total.

Primeiro, a conduta sempre excelente é permanecer estabelecido - sem se afastar das experiências acima citadas durante as atividades cotidianas tais como caminhar, mover-se, deitar ou sentar-se - de uma forma natural livre de fixações ou apego durante os encontros momento a momento com as aparências e os objetos dos sentidos. Isto é como o céu que não se afeta mesmo quando coberto por nuvens, ou como a água ou um espelho que permanecem imutáveis mesmo quando há reflexos se movendo sobre eles. Às vezes haverá um repentino afastamento das experiências por se deixar distrair, mas, como o reconhecimento de uma pessoa que já conhece, você poderá então permanecer não perturbado no estado natural da mente. Desta forma, sem haver qualquer necessidade de corrigir os pensamentos com um antídoto, cada pensamento silenciará totalmente ou naturalmente se dissolverá, como flocos de neve que pousam sobre uma pedra quente ou como gotas de chuva sobre um lago.

Quando isto tiver acontecido, você deveria se engajar na conduta secreta de modo a gerar um fortalecimento. Significa que você deveria ter um(a) consorte autêntico(a) por companhia em locais frequentados por deuses e demônios ferozes - tais como terrenos de cremação, sob árvores solitárias ou outros - e com o(a) consorte deveria treinar-se nos métodos para fortalecer as essências relativas, móveis, conforme descrito nos manuais secretos de orientação. Assim, você alcançará a tremenda experiência de bem-aventurança que permanece onde quer que a atenção seja dirigida, de forma que permeie todo o corpo; além disso, as aparências são experimentadas como bem-

-aventurança e você acaba percebendo-as como névoa, arco-íris ou montes de algodão. Percepções sensoriais especiais surgirão em sua mente e você terá a capacidade de realizar exibições mágicas. Quando isso acontecer, permaneça na estabilidade, totalmente livre de esperança, medo e da fixação à realidade sólida ou da manifestação de um orgulho excessivo.

Na sequência, você deveria manter a conduta da disciplina da mente primordial, o que pode significar tirar as roupas e se esfregar nas cinzas frescas de um terreno de cremação, vestir as roupas de cemitério e ornamentos de osso, soar o *damaru* enquanto dança, ou correr pelo terreno de cremação, a cidade e outros lugares para examinar se o estado anterior de samadhi é de alguma forma instável. Verifique se ser visto ou não por outros seres o afeta. Aja impulsivamente e destas formas sustente sua experiência.

Uma vez que tenha alcançado estabilidade nesse tipo de conduta, mantenha a conduta de grupo, o que significa ir a lugares onde haja grandes aglomerações, um grande mercado, ou até às casas das pessoas mais simples ou párias. Cante, divirta-se e dance para trazer para fora a força completa de sua mente primordial, eleve os seus sentidos, pisoteie a sua timidez, identifique suas fraquezas, exponha suas limitações e corte os grilhões e a fixação a uma realidade sólida. Nesse momento, mesmo que os outros o critiquem ou o espanquem, e assim por diante, tudo será de ajuda, assim como o vento ajuda a soprar as chamas de um fogo.

Depois de ter se aperfeiçoado através desses métodos, entregue-se à conduta da vitória total, o que significa conquistar o sono treinando no estado desperto lúcido, conquistar o alimento transformando-o em ambrosia, e conquistar os ventos internos (*lung*) transmutando-os no vento do despertar. Desta forma você se torna alguém que alcançou a vitória sobre todas as coisas, além da parcialidade em relação a samsara e nirvana. Assim como o espaço transcende o úmido e o seco, a sua mente está agora além de ajuda ou prejuízo, de modo que permanecerá intocado mesmo se cometer uma das cinco ações negativas que acarretam consequências imediatas e severas no momento da morte. Quando você não executa mesmo as dez ações virtuosas[20] - os meios para o aperfeiçoamento - quando sua mente não se envolve mesmo com a razão convencional, e quando você pacificou as oito preocupações, incluindo a fama, se tudo for experimentado como a exibição do dharmakaya, então você alcançou o fim dos modos de conduta.

Esta é a verdadeira base do insight ou o estágio de estabilidade na imobilidade. Como a sua mente está livre de fixação e apego, esta é a interrupção final de carma, emoção e pensamento. Você atingiu a fruição, a força do verdadeiro conhecimento.

Essas foram as instruções sambhogakaya para estabilizar a imobilidade do samadhi naturalmente presente, o

---

20 As dez ações virtuosas são, de modo geral, a abstenção das dez não virtudes - matar, roubar, conduta sexual imprópria, mentir, difamar, fala abusiva, fala sem sentido, cobiçar, má vontade e visões errôneas. Especificamente, elas são a dedicação aos seus opostos: por exemplo, salvar vidas, ser generoso, e assim por diante.

conselho para renovar os exauridos, para dissolver a atividade do pensamento de acreditar e de se fixar a uma realidade sólida, e para iluminar o estado desperto original ao permanecer sem se mover e sem se distrair dele.

SAMAYA. $^{\circ}_{\circ}$

Em seguida temos as instruções para aperfeiçoar a estabilidade, como um viajante que retorna para sua própria casa, o que significa que a fruição deve ser estável na realização descrita. Isto significa que o dharmakaya aparece a partir da transformação do estado anteriormente mencionado de ausência de pensamentos como o resultado do esforço do treinamento. Ele possui cinco aspectos de perfeição:

- O local perfeito é o vasto ventre (*bhaga*) de Samantabhadri, a expansão que tudo abrange do dharmadhatu, infinita, como o oceano.
- O professor perfeito é o autoexistente Samantabhadra, o glorioso dharmakaya da grande bem-aventurança.
- O séquito perfeito é o estado desperto original de sabedoria intrínseca.
- O ensinamento perfeito é uma compaixão vasta que tudo permeia e que transcende o foco conceitual.
- O tempo perfeito é o momento que se encontra além de qualquer tipo de atributo conceitual.

Isto é a fruição perfeita para o próprio benefício.

Treinar na experiência do estado anteriormente mencionado de bem-aventurança permite que os sambhogakayas apareçam a partir de sua transformação. Eles possuem estas cinco equivalências:

- O local equivalente é o reino densamente adornado de Akanishtha.
- O professor equivalente é o transcendente e livre conquistador, o glorioso Vairochana ou um *heruka*, um sambhogakaya adornado com numerosas marcas maiores e menores.
- O séquito equivalente consiste de detentores do conhecimento e bodisatvas que residem nos níveis.
- O ensinamento equivalente são exclusivamente os ensinamentos dos veículos superiores.
- O tempo equivalente é o éon original, o tempo da excelência.

Treinar na experiência do estado anteriormente mencionado de clareza permite que os nirmanakayas[21] apareçam a partir de sua transformação. Eles possuem estas cinco diversidades:

- Os diversos locais consistem dos incontáveis sistemas de mundos.
- Os diversos professores são manifestados em formas que correspondem àqueles que precisam ser influenciados.

---

21 O manuscrito original inclui esta nota de rodapé: "tais como os Munis dos seis reinos."

- Os diversos séquitos são as seis classes de seres sencientes.

- Os diversos ensinamentos são os ensinamentos do Darma que aparecem através dos vários veículos.

Todos eles são a fruição perfeita que é para o benefício dos outros. Estes três kayas são separados ou não? Na verdade os três não são separados no estado original e não elaborado da mente que é o corpo essencial (*svabhavikakaya*). Como os três kayas aparecem a partir do corpo essencial único? O dharmakaya livre de qualquer tipo de construção aparece quando despertado e libertado dos dois obscurecimentos. Os bodisatvas ainda possuem as máculas cognitivas, portanto, são incapazes de perceber além do sambhogakaya, a forma adornada com as 32 marcas maiores e as 80 marcas menores de excelência. Os seres sencientes com interesse dedicado ainda possuem máculas emocionais, portanto, são incapazes de perceber além dos nirmanakayas, que são simplesmente um reflexo que corresponde ao seu estado individual de mente.

Os dois corpos da forma podem estar presentes para aqueles que ainda estão no samsara, mas eles permanecem imaculados pela sujeira do samsara. O dharmakaya permanece no estado de grande paz, mas é imaculado pela limitação do nirvana. Por isto ele é chamado de corpo de grande bem-aventurança (*mahasukhakaya*).

Após a realização, o estado de mente dos budas dos

três tempos, as mentes dos seres sencientes dos três reinos, e o insight dos iogues estão todos dentro da esfera desta realização. É como um viajante que, ao voltar para casa, está livre das noções de ter ou não ter alcançado sua terra natal, e da noção de medo de que perigos possam aparecer. Da mesma forma, você está agora livre do medo do samsara e da expectativa pelo nirvana.

Estas foram as instruções dharmakaya sobre a natureza da mente que é, em essência, livre de atributos conceituais e está além de qualquer tipo de construção.

SAMAYA. §

Desta forma, você deveria executar suas práticas diárias combinando o significado com exemplos.

Que estas instruções, oferecidas ao rei atual e seus filhos para o benefício de todos os seguidores das gerações futuras, sejam encontradas pela pessoa devota dotada com a fortuna cármica.

SAMAYA. § SELO, SELO, SELO. §
SELO DE OCULTAÇÃO. §
SELO DE CONFIANÇA. §
SELO DE TESOURO. §
DHATHIM. ITHI. §

7
A GUIRLANDA DOURADA PRECIOSA DE INSTRUÇÕES DE MEDITAÇÃO

NAMO GHURU

A forma corpórea do grande mestre conhecido como o Nascido do Lótus era imutável como o sol. Sua fala era como um fluxo incessante e sua mente era desobstruída como o céu. Suas qualidades estavam além de crescimento e decrescimento como um rio, e sua atividade era desimpedida como o vento. Sua realização era igual à de todos os budas, e ele ensinava o Darma em conformidade com as seis classes de seres.

1. Lady Tsogyal, a princesa de Kharchen, serviu este nirmanakaya, que era famoso como o sol no continente Jambu. Enquanto ele residia no Pico do Junípero de Pérolas de Cristal, ela o satisfez em pensamentos, palavras e ações. Então ela fez o seguinte pedido: Grande mestre,

qual é o prelúdio da prática de meditação para uma pessoa devotada que deseja meditar?

O mestre respondeu: O prelúdio da prática de meditação é reunir as acumulações, receber as instruções orais, cortar as amarras do apego e coletar provisões. Arrume a sua morada, que deveria ser animadora e de um tamanho adequado. Tendo feito isto, gere a atitude compassiva de bodicita e a determinação de estabelecer todos os seres sencientes na iluminação. Em sua moradia, consiga uma almofada preenchida com um enchimento limpo de algodão, lã ou algo similar. Evacue as excreções corporais como fezes e urina. Retire o muco de sua garganta e nariz. Então assuma a postura de pernas cruzadas. Posicione suas mãos em equanimidade, o corpo ereto na vertical, sua cabeça nem caída nem dobrada, seus olhos abaixados na direção do nariz, e os dentes e lábios em sua posição comum. Em resumo, treine na meditação enquanto permite que suas três portas estejam em seu estado natural.

2. Lady Tsogyal perguntou ao mestre: Como deve ser mantida a mente durante a meditação?

O mestre respondeu: Enquanto medita, permita que seu corpo e sua mente relaxem. Uma vez que não há qualquer tipo de coisa a ser analisada, o fluxo da mente dualista e os estados mentais que surgem dela são interrompidos. Você não precisa cessá-los deliberadamente. Sem nem sustentar nem rejeitar coisa alguma, repouse de toda atividade mental. Não pense em nada e não imagine coisa alguma. Sua natureza é consciente, simplesmente como ela é. Sem se mover em direção a qualquer coisa, repouse em seu estado natural.

Ao permanecer desta forma, o conhecedor e aquilo que é conhecido não são vistos como separados, portanto, não pense que o objeto está ali ou que o conhecedor está aqui. Não conceba qualquer outra coisa além desses dois. Como você não persegue um objeto lá adiante nem tenta cessar um pensamento aqui, permita que a mente se mantenha pura, lúcida e desperta, sem a necessidade de permanecer em qualquer tipo de coisa.

As falhas que impedem isto são a excitação, o torpor e crenças profundamente arraigadas. A excitação significa a ação mental que procura alcançar objetos. A forma de ajustar isto é relaxar seu corpo e mente enquanto mantém sua atenção recolhida. Estabeleça-se repetidamente. Se ainda estiver correndo atrás de diferentes pensamentos, dirija repetidamente sua atenção para esta mente saltitante.

Se for incapaz de fazer isto e os pensamentos continuarem a brotar, investigue este movimento para fora que é como uma nuvem no céu - de onde ela vem, para onde ela se move e onde ela permanece? Explorando desta forma, permita que os movimentos de pensamento que surgem da mente diminuam novamente por si mesmos. Como esses movimentos de pensamento são vazios, não é necessário restringi-los rigidamente ou deliberadamente impedi-los. Esta foi uma instrução para dissolver a excitação e o movimento dos pensamentos.

O torpor é como estar em uma sala escura ou ter os seus olhos fechados. Para corrigi-lo, renove-se com atividades como as práticas espirituais, reflexão e similares. Para renovar-se através do samadhi, visualize-se como sendo espaço, visualize sua espinha como uma pilha de rodas de carroça e imagine que sua mente é como o céu. Para renovar-se através da instrução, medite enquanto observa um objeto sensorial ou enquanto apenas mantém os sentidos completamente abertos. Estas foram as instruções para eliminar o torpor.

O embotamento ocorre quando a sua mente se torna nebulosa ou distraída, como se tivesse sido afetada por um espírito maligno. Se isso acontecer, deixe a prática de lado e volte a meditar depois de um tempo. Esta foi a instrução para se livrar do estado de ausência mental.

As crenças profundamente arraigadas apresentam três falhas. Visto que o treinamento em dharmata é a familiarização ao não focar e não se fixar em qualquer coisa de qualquer tipo, é uma falha sustentar uma crença rígida - e muito menos todos os conceitos contraditórios, tais como "é assim e assim" e "não é assim e assim", eternidade e vácuo, antídotos para aceitar de modo a rejeitar algo, etc. Também é uma falha guardar mesmo uma pequena partícula de noção ou crença de que "todas estas coisas são aparências irreais!" ou "todas as coisas são inconcebíveis, portanto eu deveria meditar em não sustentá-las na mente!" Esta foi a instrução para eliminar as crenças rígidas.

❀

3. Lady Tsogyal perguntou ao mestre: Quais tipos de experiências de realização surgem do treinamento de meditação?

O mestre respondeu: Uma vez que o samsara não possui substância concreta, durante o treinamento todos os vários tipos de rótulos - tais como "surgimento" ou "desaparecimento" das coisas, ou de que elas "nem nascem nem cessam", e assim por diante - são apenas rótulos temporários usados para indicar esse fato.

Assim, à medida que treina neste caminho você alcança a compreensão de que estas coisas de substância concreta não possuem qualquer tipo de identidade verificável. E visto que o samsara não possui substância concreta, ele não é algo que possa ser descartado, nem o nirvana é algo que possa ser obtido. Você também alcança a compreensão de que estes dois são apenas rótulos e de que, de acordo com o significado definitivo, nenhum dos fenômenos do samsara e do nirvana são de fato reais. E você compreende isto como realização, além do domínio das ideias, não apenas nas palavras, mas de forma decisiva a partir das profundezas de sua mente.

Entretanto, há pessoas que, sem terem alcançado esta realização, usam a frase: "Nenhuma destas coisas nunca nasceu!", e treinam na sustentação da ideia de que: "tudo isto é vacuidade!" Fazer isto é conhecido como um mero humor da meditação.[22] Mantendo tal ideia na mente você não alcançará a certeza.

---

22 Os humores temporários de bem-aventurança, clareza e ausência de pensamentos são experienciados em estados meditativos.

Depois de compreender que as coisas são assim, não foque ideias de que elas sejam de qualquer forma específica. As coisas podem ser experienciadas de uma forma ordinária, mas você não encontrará um fragmento de mente concreta ou tangível que possa ser vista ou mantida como foco. Visto que nenhuma impressão desta natureza pode ser experienciada nem qualquer coisa pode ser percebida por alguém, o pensamento: "Sua natureza é assim e assim", nem mesmo ocorre. Apesar disto, você ainda não abandonou as tendências para o pensamento deludido.

Nesse ponto todas as coisas são vistas com suas próprias características individuais, apesar de evanescentes e insubstanciais como as cores que aparecem diante de seus olhos sobre a superfície plácida da água. Além disso, não há qualquer envolvimento com conceitos de "é assim" ou "é assado", e você enxerga a identidade desta mente conhecedora tão claramente e evidentemente quanto o céu.

Este é o momento em que você perde a noção de si mesmo, sentindo-se como se fosse o próprio céu. Ou você pode se sentir amedrontado ou nervoso por enxergar aquele que percebe e o que é percebido como separados, e você não quer mais permanecer nesse estado. Vendo-se simplesmente como nome e forma[23], você não sustenta a ideia de ser um ser senciente real. Depois de retornar desse estado, quando brevemente investiga as coisas enquanto se dedica às atividades diárias, você experimenta

---

23 A frase "nome e forma" se refere aos cinco agregados - o primeiro sendo a forma e os últimos quatro sendo nome - que aqui são vistos como não sendo possuídos por um dono.

apenas um estado vívido de "não ver coisas concretas." Você não se sente como se estivesse realmente caminhando quando está caminhando, e não há sensação de estar comendo quando come.

Nesse ponto, ao investigar as coisas, você compreende que não há nem algo a aceitar nem a rejeitar, que "as coisas e eu não somos nada além de ilusões enganosas e mágicas." Uma vez que você enxerga tudo como se fosse o espaço, não vê a si mesma como sendo você e os outros como sendo outros. Ao fechar os olhos e permitir que a mente volte-se para dentro, todos os objetos se tornam levemente vagos, o fluxo de pensamento é interrompido e não há aparências, e assim a lucidez da mente ganha uma qualidade de ser como o espaço. Você não sente que possui um corpo, nem percebe o movimento de sua respiração. O estado mental nesse ponto é semelhante ao brilho estático de um espelho voltado para o céu ao alvorecer. Ele permanece totalmente lúcido, livre de qualquer foco ou conceito enquanto é claramente evidente para si mesmo. Isto continua, imutável, dia e noite. De tempos em tempos o fluxo do conhecimento gradualmente se torna mais sólido, então, de forma suave, a solidez desaparece novamente.

Para aperfeiçoar, não se fixe a estar lúcido ou relaxado, não foque coisa alguma e não se fixe a nada - simplesmente permita que esse estado esteja consciente de si mesmo. Quando tenta sair desse estado não há a sensação de que saiu, e mesmo se você brevemente sair dele, retorna suavemente.

Por ter determinado como as coisas são enquanto sentado, as coisas percebidas aparecem de uma forma normal enquanto você permanece sereno. Você nem se fixa a elas e nem as foca. Se puder permanecer de tal forma que mesmo o anseio pela iluminação seja visto como uma ilusão e não tiver qualquer temor do samsara, isto é conhecido como *ver as coisas sem oscilações*.

Para desenvolver ainda mais, ponha de lado mesmo uma forma sutil de objeto e pensador, incluindo o conceito de que "isto é assim e assim". Em outras palavras, no início não suprima nada, em seguida não sustente a sua presença e, finalmente, não busque nada. Em vez disso, permita que surja de você e desapareça de volta em você. A capacidade de permanecer pelo tempo que desejar é conhecida como *mente flexível* ou *ausência de ação e esforços*.[24]

Enquanto se mantém estável desta forma, você pode investigar as coisas que experimenta, seja depois de se levantar dessa estabilidade ou durante o próprio estado estável. Entretanto, você descobre que não é necessário modificar um insight nem tentar deliberadamente analisar qualquer objeto percebido. Cada pensamento - não importa o tipo - está lucidamente presente como dharmata; cada emoção - não importa o tipo - surge como dharmata; cada dor - não importa o tipo - não traz sofrimento; e cada prazer - não importa o tipo - não traz benefícios. Sua atenção não precisa de aperfeiçoamento porque permanece livre-

---

24 A versão do *Lama Gongdü* acrescenta: "... também conhecido como *a essência naturalmente não elaborada da mente* ou *vendo o estado desperto completo, lúcido*."

mente aberta. Mesmo que não esteja meditando, não há separação de dharmata. Visto que não há nada superior a isto, você não tem dúvidas. Como não vê um objeto de meditação, não vê necessidade de esforço mental. Como a sua atenção já se tornou o próprio dharmata, ela permanece além das flutuações. Esta igualdade é *a realização do dharmakaya*. Uma vez que alcance estabilidade neste modo de ser - que não é um estado ordinário e concreto - isto é conhecido como *a experiência natural do estado desperto livre de pensamentos*.

4. Lady Tsogyal perguntou ao mestre: Quais sinais indicam o treinamento correto na meditação?

O mestre respondeu: Depois de treinar da maneira descrita acima por um longo tempo, os sinais internos e externos surgirão.

Os sinais internos incluem:

- Não perceber o movimento para dentro e para fora da respiração durante o equilíbrio;
- Não sentir que há um corpo físico;
- Não sentir calor, frio ou mesmo dor forte;
- Ter uma natural sensação de deleite que não se dirige para qualquer coisa.

Nesse ponto há menos fixação a qualquer objeto sensorial, menos fixação a "é dessa e dessa forma", e menos timidez em qualquer assunto. Egoísmo, preferências e aversões, preocupações, as oito considerações mundanas e outros tipos de pensamento, todos se tornam menos numerosos e menos pronunciados. Até que esses sinais se manifestem, você deve tentar da melhor forma possível estar de acordo com eles. Você também pode adquirir alguns poderes milagrosos menores, clarividência da mente dos outros e similares. Todos esses são sinais internos.

Os sinais externos incluem:

- Ver luz brilhando em seu corpo, ou ver várias luzes, cores ou formas no ar;
- Ver as formas corpóreas de budas e outros seres nobres;
- Ouvir as vozes deles e ver os seus gestos demonstrando-lhe respeito;
- Ou eles lhe oferecem ensinamentos, predições e assim por diante;
- Fixar-se a esses acontecimentos e acreditar em sua realidade duradoura acarreta a falha de se deixar interromper por Mara.[25] Quando você nem se fixa a eles nem acredita neles, eles indicam boas qualidades.

---

[25] Um mara é um demônio ou influência demoníaca que cria obstáculos para a prática e para a iluminação. Mitologicamente, Mara é conhecido como um poderoso deus que habita na morada mais elevada do reino do desejo e é o mestre da ilusão que tentou impedir o Buda de atingir a iluminação em Bodhgaya. Para um praticante do Darma, Mara simboliza a própria fixação ao ego e a preocupação com as oito considerações mundanas. Geralmente, há quatro maras ou obstruções à prática do Darma: os maras das negatividades, da morte, dos agregados e o mara dos deuses da sedução. Às vezes os quatro maras são mencionados pelos nomes: Klesha, Senhor da Morte, Skandha e Filho dos Deuses.

5. Lady Tsogyal perguntou ao mestre: Quais tipos de atividades diárias devemos assumir depois de nos levantarmos do estado de equilíbrio?

O mestre respondeu: Depois de se levantar do estado de equilíbrio acima mencionado, há duas formas de treinamento. Primeiro, o *treinamento que está de acordo com o insight* é a confiança de que tudo o que você experimenta - você, você mesma, assim como as coisas externas e internas - todos são aparências ilusórias, como em um sonho. Sustente esta confiança em sua mente durante os quatro tipos de atividades diárias, não importando do que você participe ou desfrute. Seja lá como o seu corpo se sentir, treine de modo a nem suprimir esse sentimento e nem sustentá-lo em sua mente. Em todas as atividades de pensamento, fala e ação - sejam quais forem - treine em não manter qualquer foco.

O *treinamento que está de acordo com o método* é o cultivo de uma compaixão ilusória por seres sencientes ilusórios e, se isso não atrapalhar o seu estado de meditação, então realize várias ações para ajudá-los. Faça vastas aspirações, tais como a *Aspiração da Nobre Conduta*[26]. Faça a distinção entre bem e mal e execute diversas ações virtuosas.

Não pertenceria aos veículos superiores nem seria o estado de igualdade engajar-se em qualquer momento em atividades virtuosas enquanto as considera reais, portanto, compreenda que você e todas as coisas são como ilusões

---

26 A *Arya Bhadracharya Pranidhana Raja* (*'Phags pa bzang po'i spyod pa'i smon lam kyi rgyal po*), uma famosa aspiração encontrada no final do *Sutra do Ornamento de Flores*.

mágicas. Você deveria se esforçar para reunir as acumulações e purificar os obscurecimentos até que alcance a confiança da igualdade na qual você não contempla qualquer substância de acumulação a ser reunida ou obscurecimentos a serem purificados. No estado de equilíbrio, esteja livre de aceitação e rejeição, e permaneça livre do medo do samsara resultante das ações negativas, assim como da esperança pelo nirvana resultante das ações virtuosas.

Mesmo que tenha alcançado tal confiança da igualdade e possa se engajar em ações livre de aceitação e rejeição, você deveria - sem sustentar qualquer foco conceitual - respeitar a ética dos votos e preceitos de modo a ajudar os outros a evitar ações prejudiciais e a aderir à virtude. Em geral, não julgue a indulgência ou a abstenção como sendo boas ou más. Entregar-se à aceitação ou à rejeição, ou acreditar que elas são reais, é uma barreira que impede a igualdade, assim como nuvens brancas e escuras obscurecem o sol. E, principalmente, será uma falha que impedirá a compreensão da talidade se você focar os preceitos como mantidos ou quebrados depois de ter atingido a confiança da igualdade.

Não permita que qualquer pensamento emocional relativo a sucesso ou falhas, fama ou ganhos, a invadam, e não permaneça neles. Abandone suas limitações pessoais, tais como conversa tola, atividades de distração e dispersão mental. Treine-se em ser completamente pacífica em todas as atividades físicas, verbais ou mentais. Não pondere as falhas dos outros, em vez disso pense no lado positivo deles.

Se você se tornar orgulhosa e prepotente, arrogantemente pensando: "Eu possuo qualidades especiais. Eu realizei dharmata", isso mostra que não realizou dharmata, portanto abandone isto. Em resumo, visto que o pensamento é samsara e a ausência de pensamentos é o nirvana, quando o iogue permanece em meio a distrações e diversões, isto é conhecido como samsara; quando permanece mesmo por um momento na estabilidade livre de foco, essa duração é conhecida como nirvana.

6. Lady Tsogyal perguntou ao mestre: Depois de ter praticado dessa forma, como alguém desperta para a iluminação?

O mestre respondeu: Por ter treinado na natureza livre de pensamentos de dharmata, os pensamentos - as causas do samsara - tornam-se mais fracos e silenciosos, enquanto o estado desperto livre de pensamentos se torna espontaneamente presente. Este estado desperto é sereno, seu domínio de experiência é totalmente puro, e os três kayas e outras qualidades iluminadas aparecem naturalmente, como os raios que brilham do sol.

Quando tiver aperfeiçoado esta natureza, seu corpo pode permanecer no mundo dos seres humanos, mas sua mente repousa no estágio de um buda. Uma vez que tenha praticado desta forma, não há qualquer dúvida de que despertará para o estado búdico no bardo. Em outras palavras, em sua experiência pessoal que é como o céu - o dharmakaya completamente não criado - os sambhogakayas e nirmanakayas semelhantes ao sol trabalharão, na percepção dos outros, para o benefício dos seres sencientes, como os raios do sol.

7. Lady Tsogyal perguntou ao mestre: Como deveria uma pessoa de capacidade mediana treinar na meditação?

O mestre respondeu: Depois de ter determinado que todas as coisas são a sua própria mente, uma pessoa de capacidade mediana deveria focar o estado incessante de dharmata que os pensamentos não podem apreender, e treinar nesse estado. Ao fazer isto, ela não precisa evitar o cultivo ou pensamentos, pois a realização já está assegurada.

Em outras palavras, ao ver todas as coisas como mente, nenhuma outra coisa é vista. Em qualquer estado mental a mente é vista - não há separação. Dharmata é visto mesmo ao meditar deliberadamente. Por reconhecer que os movimentos de pensamento são a natureza da mente, não importa como dharmata apareça na forma de um pensamento, a natureza da mente é autoevidente. A noção da crença de que ele seja qualquer outra coisa não se forma. Não importa como a mente permaneça e não importa o que seja visto, sua natureza é autoevidente e incessante. Ela é evidente mesmo quando não é cultivada, e é aperfeiçoada mesmo sem treinamento.

Enquanto permanece nesta natureza, não importam os detalhes de objetos que possam ocorrer, isto não causará nenhum dano ou distração. A percepção de atributos por si mesmos é uma evidência da natureza da mente, uma vez que não há o surgimento de uma estrutura conceitual de mente. Desta forma, todos os fenômenos revelam a mente, e não há como se afastar desse estado incessante. Assim, livre de esforços, a liberação é alcançada sem executar qualquer atividade. Não importa como os objetos sensoriais apareçam, eles são vistos como mente, e mesmo que qualquer conceito ou estado mental ocorra, a realização nunca se moverá de dharmata em qualquer momento. Desta forma, quando todos os fenômenos são vistos como mente e não há o deslize para um estado conceitual - isto é o estado desperto original. Para o iogue que vê isto como um fato, qualquer experiência sensorial de todos os tipos é vista como sendo dharmata e, portanto, todas as percepções são uma forma de treinamento. Assim, todos os fenômenos não são nada além de mente e nenhuma outra noção surge. Como eles não têm nascimento, tanto objetos quanto conceitos são dharmata.

A partir desta realização, todas as coisas são experienciadas como mente. Como esta mente é intangível, os pensamentos e conceitos não são considerados falhas, e o treinamento ocorre durante os próprios pensamentos. Assim sendo, cada experiência, seja lá o que estiver sendo feito ou sentido, nada mais é do que treinamento adicional. Isto apresenta o princípio essencial que é *o corte único da visão e do treinamento de meditação.*

8. Lady Tsogyal perguntou ao mestre: Como alguém pode identificar o estado desperto original que é dharmata?

O mestre respondeu: A instrução essencial para o reconhecimento do estado desperto original é semelhante ao médico habilidoso que diagnostica uma doença através do comportamento, pulso ou urina da pessoa doente. Da mesma forma, o iogue deveria usar três coisas - as palavras do Buda, as instruções de seu guru e sua própria experiência - para reconhecer o estado desperto original que tudo permeia como o espaço.

A presença imediata total do estado desperto original é como o sol atingindo a superfície de um espelho. Da mesma forma, o iogue deveria permanecer na presença imediata do estado desperto original, livre de quaisquer imagens claras.

A instrução chave para a naturalidade das seis coleções[27] é como uma pessoa atingida por uma doença que não sustenta conceitos de timidez ou de embaraço. Da mesma forma, o iogue deveria permanecer sem formar conceitos sobre qualquer objeto percebido.

O encontro direto com o estado desperto original é como um curador maravilhoso que pode usar tudo o que toca como meio para a cura. Da mesma forma, uma vez que a ambrosia da visão seja obtida, o iogue deveria usar tudo como meio para o estado desperto original.

A instrução essencial para silenciar a mente é como uma tartaruga incapaz de se mover quando colocada em uma bacia. Da mesma forma, a mente do iogue é incapaz de se mover uma vez que ele a tenha apreendido a partir da instrução do guru. Todas essas instruções essenciais são

---

27 As seis coleções se referem à percepção dos cinco objetos sensoriais mais os objetos mentais.

o caminho para identificar o estado desperto original que é dharmata.

9. **Lady Tsogyal perguntou ao mestre: Qual é o método para estabelecer-se nesse estado desperto autoexistente?**

O mestre respondeu: Há três métodos para estabelecer a sua mente. *Estabelecer-se como um garuda planando no céu* significa que o *garuda* plana quando suas asas estão exaustas; ele plana sem esforço ou resultado, enquanto claramente vê a terra abaixo; ele plana enquanto possui as capacidades de todos abaixo dele; e plana com o poder de suas asas plenamente desenvolvido imediatamente ao sair do ovo. Da mesma forma, ao estabelecer-se no estado de equilíbrio, o iogue deveria estabelecer sua mente exausta, sem esforços, enquanto vê os princípios dos veículos superiores contendo as capacidades dos veículos inferiores e detendo o estado desperto mesmo enquanto permanece no samsara.

Estabelecer-se como uma andorinha entrando em seu ninho significa fazer isto sem quaisquer deliberações adicionais. O iogue deveria, da mesma forma, estabelecer sua mente sem quaisquer pensamentos de deliberação adicionais.

Estabelecer-se como um homem que abandonou todas as atividades significa não ajustar ou modificar o estado mental, não importando qual ele seja. Da mesma forma, o iogue não deveria ajustar, modificar, ou contaminar de outra forma o seu estado mental, não importando qual ele seja.

10. Lady Tsogyal perguntou ao mestre: Quantas maneiras existem para proteger a mente desperta?
O mestre respondeu: Há três maneiras de protegê-la. Proteja-a como faria com um cavalo selvagem, que deveria ser domado sem distrações; da mesma forma, o iogue deveria permanecer sem se deixar distrair da natureza da visão.

Proteja-a como faria com um tesouro de gemas preciosas, o qual, a não ser que faça esforços para protegê-lo, estará vulnerável a bandidos e ladrões. Da mesma forma, o iogue deveria permanecer invulnerável ao torpor e à agitação, para que seu samadhi não se desvie.

Proteja-a como um rei faria com sua rainha, de tal forma que as pessoas sejam incapazes de ferir a rainha, pois todos estão incluídos entre seus súditos. Da mesma forma, o iogue deveria permanecer de tal forma que os pensamentos não possam causar danos, uma vez que ele realizou todos os fenômenos como sendo mente.

11. Lady Tsogyal perguntou ao mestre: Quantas formas existem para aperfeiçoar a mente desperta?
O mestre respondeu: Existem três formas de aperfeiçoar a mente desperta. Aperfeiçoe-a como um ladrão em uma casa vazia - o ladrão vai embora, pois não há nada para roubar. Da mesma forma, quando pensamentos grosseiros ou sutis ocorrem, o iogue deveria observá-los e, então, simplesmente permanecer.

Aperfeiçoe-a como uma nuvem no céu. A nuvem que se forma no céu desaparece por si mesma. Da mesma for-

ma, um pensamento deveria ser deixado para se dissipar por si mesmo.
Aperfeiçoe-a como se usasse uma magia para combater um veneno. Uma pessoa que conhece uma magia que combate venenos é capaz de permanecer protegida de tais venenos. Da mesma forma, o iogue que possui as instruções essenciais pode experimentar todas as coisas como o estado desperto original quando ele as envolve com a visão.

12. Lady Tsogyal perguntou ao mestre: Quais são os três graus de progresso em dharmata?
O mestre respondeu: Os três graus de progresso abaixo foram ensinados:

- A medida da clareza é ser como uma lamparina de óleo que permanece intocada pelo vento.
- A medida da imobilidade é ser como a água nas profundezas do oceano.
- A medida da leveza e da suavidade é ser como uma bola de algodão.

13. Lady Tsogyal perguntou ao mestre: Quais são os três sinais de progresso?
O mestre respondeu: São estes três:

- O sinal externo de progresso se dá quando você não percebe que possui um corpo físico.

- O interno se dá quando as emoções negativas não surgem.
- O mais profundo se dá quando você não se volta na direção de qualquer tipo de objeto.

14. Lady Tsogyal perguntou ao mestre: Como é alcançada a fruição?

O mestre respondeu: O iogue, que é a identidade dos três kayas e das quatro sabedorias, a alcança no exato momento em que está livre do invólucro do corpo.[28]

15. Lady Tsogyal perguntou ao mestre: Como a pessoa da capacidade mais elevada determina a visão?

O mestre respondeu: Ela determina a visão do estado desperto original através destas nove analogias para a mente não dual de ampla vastidão:

- Todos os fenômenos são a mente da ampla vastidão, sem tendências como uma joia que realiza desejos.
- A mente é uma ampla vastidão sem forma, imutável como o vajra.
- Esta mente é uma ampla vastidão além dos atributos conceituais, uma identidade imperceptível como olhar para a escuridão densa.

---

28 A versão do *Lama Gongdü* apresenta três kayas e cinco sabedorias, em contraposição às quatro sabedorias mencionadas aqui. Estas são a sabedoria do dharmadhatu, a sabedoria como o espelho, a sabedoria da igualdade, a sabedoria discriminativa e a sabedoria que tudo realiza. Pode haver quatro quando a última ainda não se manifestou completamente, como na primeira parte do bardo de dharmata.

- A mente é uma ampla vastidão que tudo abrange, imensa como o céu.
- Não há nada além desta mente de ampla vastidão; como reflexos em um grande lago, tudo o que é experienciado não é diferente desta mente.
- Esta mente é uma ampla vastidão originalmente desperta, como o próprio filho de um rei, de quem ninguém precisa duvidar.
- Esta mente é uma ampla vastidão a partir da qual qualquer experiência possível pode se desenrolar, como a pedra preciosa *indranila* que pode ser percebida de múltiplas formas.
- A mente é uma ampla vastidão imutável, como o ouro puro, de forma que não há transformação da natureza da mente independente do próprio estado mental.
- A nona ampla vastidão é a de que todas as coisas estão contidas na mente.

O iogue determina a visão desta forma.

16. Lady Tsogyal perguntou ao mestre: O que determina a conduta do iogue?
O mestre respondeu: O iogue determina a conduta através destas analogias de desfrutar com habilidade desapegada:

- Como habilmente desfrutar os reflexos sobre a superfície de um lago plácido.

- Como habilmente desfrutar as estrelas em um céu claro.
- Como habilmente desfrutar tudo o que aparece e existe na mente desperta.

Assim, não há problema em desfrutar os cinco prazeres sensoriais quando eles são envolvidos pela visão.

17. Lady Tsogyal perguntou ao mestre: Como o iogue se estabelece no estado de equilíbrio?

O mestre respondeu: O iogue deveria se estabelecer no estado de equilíbrio através destes três estados desimpedidos de vastidão infinita:

- O estado espaçoso desimpedido que é a vastidão infinita dos sentidos.
- O estado desapegado livre de fixações que é a vastidão infinita do dharmata que nunca nasce.
- O estado livre de objetos que é a vastidão infinita que nunca se afasta do estado desperto de sabedoria intrínseca.

Todos estes três significam estabelecer-se no estado de equilíbrio enquanto há a compreensão da ausência de fabricação.

18. Lady Tsogyal perguntou ao mestre: Como deveria o iogue conquistar a confiança da fruição?
O mestre respondeu: Aqui eu ensinarei através de analogias que nenhuma fruição deveria ser procurada além da

experiência de que tudo surge como a natureza da mente. Todos os fenômenos são como reflexos aparecendo na superfície de um grande lago, ou como as estrelas que aparecem no céu e não aparecem em algum outro lugar além do lago ou do próprio céu. Da mesma forma, é a natureza de sua mente autoconhecedora que é experimentada como a fruição; ela surge de você, e aquilo que aparece desde o princípio é experimentado como sendo sua própria manifestação. Assim, a fruição é experimentada como você mesma.

19. Lady Tsogyal perguntou ao mestre: O que corta a raiz dos pensamentos?

O mestre respondeu: Aqui eu ensinarei como os pensamentos podem naturalmente se dissolver através de três formas de aperfeiçoamento que transcendem o próprio aperfeiçoamento:

- Os sentidos não precisam de aperfeiçoamento uma vez que claramente percebem os objetos sensoriais.
- Dharmata não precisa de aperfeiçoamento uma vez que nunca nasce.
- Os pensamentos não precisam de aperfeiçoamento uma vez que são claramente vistos como o estado desperto original.

Por que é assim? Porque deveria ser compreendido que todas as coisas são o estado desperto original, uma vez que não há nada além da mente. É assim que os pensamentos naturalmente se dissolvem, uma vez que são claramente vistos como sendo dharmata.

20. Lady Tsogyal perguntou ao mestre: Qual ponto chave explica como os objetos experienciados não precisam ser rejeitados?

O mestre respondeu: Aqui eu ensinarei através de seis analogias das escrituras sobre a mente autoliberada que descrevem como nada precisa ser rejeitado uma vez que seja claramente visto:

- Os sentidos não precisam ser rejeitados ao desfrutarem os objetos, uma vez que são claramente vistos como sendo dharmata, como uma ilha de ouro precioso.

- Os pensamentos não precisam ser rejeitados, uma vez que são claramente vistos como sendo o estado desperto original, como lançar madeira no fogo.

- Em dharmata as coisas materiais não precisam ser rejeitadas, uma vez que são liberadas sem rejeição, como o grande pássaro garuda que sai do ovo com asas plenamente desenvolvidas.

- Não há nada a ser estabelecido no estado de equilíbrio, uma vez que equilíbrio e período pós-meditativo são indivisíveis, como um pássaro pairando no ar.

- Não há emoção negativa a ser rejeitada ou obscurecimento para purificar, uma vez que tudo, sem exceção, é mente, assim como não há escuridão a ser eliminada do círculo do sol.

- Não é necessário separar mente e objetos em dois, uma vez que são claramente vistos como não sendo duais, assim como o espaço não pode ser dividido em partes.

Em outras palavras, estas são as experiências de seis aspectos que não precisam ser suprimidos, uma vez que dharmata é claramente visto sem ser suprimido e não pode ser suprimido mesmo ao se tentar fazer isso.

21. Lady Tsogyal perguntou ao mestre: Qual ponto chave explica como a mente e dharmata são indivisíveis?

O mestre respondeu: Estas seis analogias para a indivisibilidade exprimem como a mente e dharmata são indivisíveis:

- Água e umidade não podem ser separadas.
- Fogo e calor não podem ser separados.
- Uma concha e sua cor branca não podem ser separadas.
- O brocado e o padrão do brocado não podem ser separados.
- A Ilha de Ouro e o seu ouro não podem ser separados.
- Samsara e nirvana não podem ser separados.

Da mesma forma, todas as coisas e todos os seres sencientes não podem ser separados dentro da grande esfera única. Ser e não ser não podem ser separados, mas são claramente vistos como sendo mente e, portanto, o estado desperto verdadeiro e original. E também as coisas são mente e a mente são coisas, portanto, são indivisíveis e não são diferentes.

22. Lady Tsogyal perguntou ao mestre: Quais analogias ilustram que tudo o que aparece e existe ocorre a partir de si mesmo?

O mestre respondeu: As mesmas seis analogias se aplicam à ausência de sequências, ilustrando como tudo o que aparece e existe é o estado desperto original. As seis analogias simples mencionadas acima mostram a indivisibilidade e uma ausência de sequências. Desta forma, não há uma sequência entre dharmata e todas as coisas que aparecem e existem (*darmas*), uma vez que todos são o grandioso e original estado desperto, que é autoconhecedor e ocorre a partir de si mesmo.[29]

23. Lady Tsogyal perguntou ao mestre: O que pode afastar os oito obstáculos e as passagens estreitas no caminho da mente do iogue?

O mestre respondeu: Aqui está como purificar estas oito passagens estreitas obstrutoras no caminho da mente do iogue:

- Elas são purificadas pela realização, uma vez que ao ter eliminado a estreita passagem da percepção dualista,

---

29 Alternativamente, a versão do *Lama Gongdü* apresenta: "... visto que são todos experienciados como o grandioso estado desperto original, autoexistente."

o iogue permanece na fortaleza da visão além da dualidade.

- Tendo purificado a passagem estreita dos pensamentos, o iogue permanece na fortaleza da ausência de pensamentos.

- Tendo purificado a passagem estreita dos pontos de vista, o iogue permanece na fortaleza além das visões.

- Tendo purificado a passagem estreita da aceitação e da rejeição, o iogue permanece na fortaleza de não haver nada a ser rejeitado.

- Tendo purificado a passagem estreita da existência de alguém que percebe e de algo percebido, o iogue permanece na fortaleza de ter transcendido aquele que percebe e o que é percebido.

- Tendo purificado a passagem estreita da esperança e do medo, o iogue permanece na fortaleza da mente desperta evidentemente vista nele mesmo.

- Tendo purificado a passagem estreita da fixação, o iogue permanece na fortaleza da transcendência de haver algo para se agarrar e sustentar.

- Tendo purificado a passagem estreita do esforço e do resultado, o iogue permanece na fortaleza da perfeição espontânea.

Assim, permanecendo nestas oito fortalezas, tudo é reunido dentro da mente desperta de modo que todos os tipos de passagens estreitas são purificadas sem aceitações ou rejeições. Uma vez que ele ou ela claramente vê que tudo é mente, a estreiteza de esperança e medo é removida e o domínio espaçoso, amplamente aberto, é alcançado.

24. Lady Tsogyal perguntou ao mestre: Como alguém discerne as experiências confiáveis?

O mestre respondeu: As experiências são consideradas confiáveis se puderem ser verificadas por três medidas.

Uma vez compreendidos os pontos acima, eles são realizados ganhando confiança na experiência das afirmações sublimes, instruções essenciais e sua própria inteligência.

Além do mais, depois de ter conquistado tal confiança profunda dentro de si mesma, à medida que continua treinando, sua experiência se torna clara de tal forma que você sente o corpo leve, sua mente se torna lúcida, você pode enxergar o que está oculto, tem poucos pensamentos e assim por diante. Continue sem arrogância, esperança ou medo de forma que, mesmo quando os sinais do progresso naturalmente surgirem, você não mais se entregue a qualquer euforia prepotente.

25. Lady Tsogyal perguntou ao mestre: Como são eliminados os desvios e as crenças extremas?

O mestre respondeu: Ninguém deveria seguir o caminho destes oito e nove tipos de crenças.[30] Não siga os caminhos

---

30 Os oito tipos de crenças são as das seis classes de seres mais as visões extremistas de permanência e nulidade. As nove são aquelas da compreensão intelectual das visões dos nove veículos.

dos nove veículos ou os das seis classes de seres acrescidos das visões extremistas de permanência e nulidade. Ao treinar a meditação, o iogue não deveria considerar objetos e mente como sendo separados, suprimir os fenômenos interdependentes, cultivar a vacuidade, qualquer tipo de dualidade ou algo similar.

Nenhum dos nove veículos graduais deveria se tornar uma posição rígida. As seis classes de seres não são percepções transformadas, são posições ordinárias. As visões extremistas de permanência e nulidade são crenças distorcidas. O iogue é simplesmente dharmata quando ele ou ela evita seguir qualquer uma destas crenças e, em vez disso, permanece livre de tendências e preconceitos.

26. Lady Tsogyal perguntou ao mestre: **Qual ponto chave liberta naturalmente do apego?**

O mestre respondeu: O ponto chave de que as aparências são uma manifestação própria e naturalmente se dissolvem através do desapego. As aparências surgem como a exibição de sua mente desperta. Como este é o caso, quando estiver apegada e fixada, veja que seu apego se direciona a um objeto que não é real. Permita que o pensamento floresça e o apego desaparecerá naturalmente. As aparências são manifestações próprias, sua vacuidade é uma vacuidade natural, e qualquer apego desaparece assim como o ar.

27. Lady Tsogyal perguntou ao mestre: **O que define a diferença entre os nove veículos?**

O mestre respondeu: As diferenças entre os nove veículos são definidas pela presença ou ausência das seguintes crenças:

- A posição dos *shravakas* é acreditar que mente e objetos são diferentes, os objetos são feitos de átomos e os átomos de substância material.
- *Pratyekabudas* acreditam que os objetos externos são ilusões, estas ilusões são irreais por serem interdependentes, mas a mente que as percebe é real.
- A posição do Caminho do Meio é a de que os fenômenos interdependentes são vacuidade e a vacuidade é desprovida de construções conceituais.[31]
- No primeiro dos três tantras externos do mantra secreto, a realização é alcançada pela crença de que tudo é vacuidade de forma absoluta, enquanto que de forma relativa tudo é puro por ser as três famílias.
- No seguinte, a realização se dá através de uma visão que é como o superior e uma conduta como a do inferior, enquanto são utilizadas práticas de ambos.[32]
- No último, o corpo da deidade é realizado aceitando e rejeitando os quatro mudras[33] e o samadhi.

---

31 A versão do *Lama Gongdü* acrescenta: "Os seguidores dos Sutras concordam que todos os fenômenos são em última instância vacuidade, enquanto de forma relativa eles são como ilusões mágicas."

32 Os três tantras externos do Mantra Secreto são Kriya, Upa e Yoga. Visto que Upa não possui uma visão própria, ele emprega "a visão do superior", que é o Yoga Tantra, e "a conduta do inferior", que é o Kriya Tantra.

33 Os quatro mudras, ou selos, são o selo do Darma, selo do samaya, grande

- Entre os três tantras internos do mantra secreto, a Mahayoga sustenta que os fenômenos são não nascidos de forma absoluta, enquanto de forma relativa eles são ilusões mágicas, conhecidos como a igualdade quádrupla e a pureza tripla.[34]

- A Anu Yoga considera que a causa é a natureza do espaço puro, enquanto o efeito é a mandala de sabedoria, e que o filho do grande êxtase surge quando o estado desperto realiza este espaço básico que é completo como a mandala das deidades masculinas e femininas; além disso, ela é cultivada como completa sem ser desenvolvida.

- Todos os veículos, incluindo a Anu Yoga, sustentam posições e possuem apegos, mas a Ati Yoga não possui nem posição nem apego.

- O que significa dizer que a Ati Yoga não possui posição ou apego? Significa que, uma vez que já é claramente visto desde o princípio, não se presume que o estado desperto possa ser fabricado. Por não estar apegado a qualquer coisa conceitual, ele não possui apego.

---

selo e selo da ação. Eles se referem a quatro aspectos da prática tântrica e podem ser compreendidos em vários níveis.

34 A visão principal na Mahayoga é a grande pureza e igualdade de todos os fenômenos - todo o mundo e todos os seres. A pureza tripla pode se referir ao fato de que os agregados, elementos e bases sensoriais, ou visões, sons, e conhecimento, são puros e divinos por natureza. A igualdade quádrupla se refere ao fato de que todos os fenômenos são vacuidade, a união de aparência e vacuidade, além de construções, e iguais por serem da mesma natureza.

Você não enxerga os níveis superiores ou inferiores nos veículos a não ser que possa discernir estas diferenças entre eles. É desta forma que deveria distinguir os nove veículos.

Estas foram as instruções extremamente secretas que o mestre Padmasambava ofereceu oralmente para o benefício das pessoas da mais elevada qualidade cujo portão da mente é protegido por Shri Hayagriva:

- Como reunir todos os pontos-chave de modo a determinar a visão através das nove analogias para a mente de ampla vastidão.
- Como determinar a conduta através do desfrutar com habilidade desapegada.
- Como estabelecer-se no estado de equilíbrio através de três estados desimpedidos de vastidão infinita.
- Como é ensinado, por meio de analogias, que nenhuma fruição deveria ser buscada além da experiência de que o que quer que surja é a natureza da mente.
- Como os pensamentos podem naturalmente se dissolver através de três formas de aperfeiçoamento que transcendem o aperfeiçoamento.
- Como, através de seis analogias das escrituras sobre a mente autoliberada, nenhum objeto percebido precisa ser rejeitado, uma vez que todas as coisas são claramente vistas.

- Como seis analogias para a indivisibilidade explicam como a mente e dharmata são indivisíveis.
- Como seis analogias para a ausência de sequências ilustram como tudo o que aparece e existe é o estado desperto original.
- Como purificar os oito impedimentos e as passagens estreitas no caminho da mente do iogue e como permanecer nas oito fortalezas que trazem o caminho do iogue para um único ponto.
- Como confiar nas três medidas e, assim, naturalmente produzir experiências e sinais de progresso sem orgulho prepotente.
- Como evitar seguir as trilhas destes oito tipos de crenças.[35]
- Como as aparências são manifestações próprias e naturalmente se dissolvem através da ausência de apegos.
- E como as diferenças entre os nove veículos são definidas pela presença ou ausência de crenças.

Ele explicou todos estes pontos para as pessoas da mais elevada capacidade, permitindo que tais ensinamentos fluíssem espontaneamente da realização expansiva de dharmata.

❁

28. Lady Tsogyal perguntou ao Mestre do Lótus: Eu lhe imploro que conceda um caminho para qualquer pessoa -

---

35 Os oito tipos de crenças se referem, como acima, às crenças dos seis reinos e da permanência e nulidade. Compare com a nota 29.

seja de capacidade elevada, mediana ou inferior - estabelecer-se decisivamente no estado desperto agora mesmo. O mestre respondeu: A raiz de todos os fenômenos está contida em sua própria mente. Esta mente desperta está presente em cada ser senciente vivo. Além do mais, ela é a esfera única do dharmakaya e não possui nem forma nem cor. Ela não possui substância ou características materiais. Ela está presente como uma sabedoria vasta e vazia que é não criada desde o princípio. Reconhecer esta experiência como sendo autoexistente é conhecido como o *Samantabadra da visão* ou *a esfera única do dharmakaya*.

Esta esfera única - o dharmata, que é a mente desperta não constituída por qualquer coisa de qualquer tipo - é vazia em essência e consciente por natureza. Simplesmente permanecer neste estado contínuo é conhecido como a *meditação que combina a realização de todos os budas*. Permanecer nesse estado - no qual não há nada a ser cultivado nem qualquer coisa para a qual se dirigir - é conhecido como a *conduta autoexistente além de encontros e separações*.

Dentro desta esfera única do dharmakaya não há nada que não seja perfeição purificada; das mandalas dos conquistadores acima até os mundos infernais abaixo - todos são igualmente perfeição purificada. Portanto, ela não diferencia entre estados dolorosos ou o estado desperto, nem entre budas e seres sencientes.

Além do mais, isto não é algo que acabou de ser criado, mas na verdade está espontaneamente presente desde o princípio, portanto, o dharmakaya da fruição é um estado desperto de sabedoria intrínseca. Ele é visto agora mesmo através da instrução de seu guru, e como não é algo que possa ser cultivado ou alcançado, é uma perfeição purificada.

Eu não tenho nada para ensinar além disto, portanto, guarde-o em seu coração, senhora de Kharchen.

Lady Tsogyal, a princesa de Kharchen, solicitou ao mestre Padmasambava estas instruções de meditação triplas para o benefício das pessoas de capacidade mais elevada, mediana e inferior. Ela as registrou para o benefício das gerações futuras, e como não deveriam ser propagadas naquele tempo, as ocultou como preciosos tesouros da terra. Que elas possam ser encontradas pelo iogue dotado com o destino cármico.

Em tempo futuros, quando vocês, seres afortunados, encontrarem estes ensinamentos,
Sua realização da natureza da visão pode ser vasta como um oceano,
Mas ainda assim cuidem das causas e efeitos relativos detalhadamente.
Vocês podem ter compreendido o vasto oceano da natureza de dharmata,
Mas ainda assim sustentem um treinamento sem distrações como uma coluna de ouro.

Vocês podem ter realizado o estado natural da mente aberta,
Mas ainda assim protejam seus samayas e preceitos, estáveis e sem danificações.
Vocês podem ter alcançado uma realização da natureza vasta como o oceano de dharmata,
Mas ainda assim respeitem os mestres sublimes como fariam com a coroa de suas cabeças.

Seus corações amorosos podem estar livres de parcialidade,
Mas ainda assim satisfaçam os desejos de seus companheiros e de todos os seus amigos do Darma.
Vocês podem ter enxergado a natureza de igualdade entre os budas e os seres sencientes,
Mas ainda assim evitem como o veneno as dez ações não virtuosas e seus resultados.

Vocês podem ter realizado o fato de que o buda é a sua própria mente,
Mas ainda assim considerem a sublime deidade yidam como tão cara quanto seus próprios corações.
Vocês podem ter compreendido que o próprio sofrimento é a maior bem-aventurança,
Mas ainda assim evitem criar todas as suas

causas, ações e envolvimentos.

Vocês podem ter transformado as emoções no
estado desperto prístino,
Mas ainda assim evitem queimar suas mentes
com as chamas dos três e cinco venenos.
Vocês podem ter experienciado a não ação
como o estado do maior bem-estar,
Mas ainda assim esforcem-se na bondade
com a mais intensa diligência.

Vocês de gerações futuras que clamam ser
meditadores,
Se sustentarem uma visão elevada enquanto
sua conduta é ainda grosseira,
Vocês arriscam permanecer amarrados à
visão dos hedonistas.
Se professarem a vacuidade acreditando na
nulidade,
Vocês arriscam se desviar para o extremo
niilista.

Se treinarem aprisionando a mente no torpor
sem pensamentos,
Vocês arriscam se desviar para a cessação dos
shravakas.
Se clamarem que tudo é mente enquanto
agem de forma frívola,

Vocês arriscam se desviar para os três reinos inferiores.

Se estiverem fixados à visão mais elevada enquanto ridicularizam as outras práticas do Darma,
Vocês arriscam se desviar para os estados infernais de dor sem fim.
Se falharem em apreender a fortaleza da sabedoria não fabricada,
Vocês arriscam se desviar para os seis reinos samsáricos.

Se meditarem acreditando que a mente é permanente,
Vocês arriscam se desviar para a visão extrema dos eternalistas.
Se agirem como se meditassem enquanto não compreenderam a mente,
Vocês arriscam se desviar para um caminho falso ao morrerem.

Se depois de terem ingressado pelo portal do Darma, a lâmpada preciosa,
Vocês falharem no esforço que leva à realização suprema em uma única vida
E em vez disso continuarem com os objetivos mundanos, tão sem sentido e tão cansativos,

Vocês arriscam se desviar para o local onde o Darma e a sua mente estão separados.
Não se enganem com um treinamento desequilibrado, tolo,
Mas valham-se de toda a riqueza do verdadeiro aprendizado, contemplação e meditação.

Assim ele instruiu.

A *Guirlanda Dourada Preciosa de instruções de meditação* para o benefício das pessoas de capacidade mais elevada, mediana e inferior foi oferecida no Vale da Ardósia na Rocha Vermelha, no oitavo dia do segundo mês do outono no Ano do Dragão.

8
O CICLO DE PONTOS ESSENCIAIS

1. A realização do Mestre Nascido do Lótus de Uddiyana era igual à dos budas, e seu corpo transcendia o nascimento e a morte. Foi a este nirmanakaya que Tsogyal, a princesa de Kharchen, levantou esta questão: Por favor, preste atenção, grande mestre, qual é a linha divisória entre budas e seres sencientes?

O mestre respondeu: Tsogyal, aquilo que chamamos de *buda* (*sang-gye*) se refere à perfeição (*gye*) da sabedoria e da compaixão depois que a ignorância é purificada (*sang*). Um *ser senciente* surge por falhar em compreender que a ignorância é ignorância. Assim, a diferença se encontra na sabedoria ou na ignorância. Ao aplicar isto ao seu fluxo de ser, olhe para sua mente pensante e veja que esta mente é vazia e não consiste de qualquer tipo de identidade. Ver e compreender que o seu aspecto desperto multifacetado é uma automanifestação é o ponto essencial de naturalmente purificar um ser senciente até o estado de um buda.[36]

---

[36] A estrutura da frase aqui provém da versão do *Lama Gongdü*, enquanto

Tsogyal, este conselho de extrema importância eu ofereço a você.

2. Lady Tsogyal perguntou ao Mestre do Lótus: Qual é a linha divisória entre samsara e nirvana?

O mestre respondeu: *Samsara*, "circular", é girar de um lugar para outro. *Nirvana* é ter interrompido esse giro. Ao aplicar isto ao seu próprio fluxo de ser, veja que o estado básico de sua mente é uma autoexistência que nunca nasce[37] e é imaculada pelas falhas da matéria. Ao enxergar isto, então não há lugar para girar. Quando o samsara é esclarecido, purificado desde o princípio, isto é chamado de nirvana. Este é o ponto essencial de naturalmente purificar o samsara em nirvana. Tsogyal, este conselho de extrema importância eu ofereço a você.

3. Lady Tsogyal perguntou ao mestre Nascido do Lótus: Qual é a linha divisória entre ignorância e sabedoria?

O mestre respondeu: *Ignorância (marigpa)* é não conhecer a substância principal da mente. *Sabedoria (rigpa)* é enxergar esta substância básica da mente.[38] Ao aplicar isto ao seu fluxo de ser, olhe para esse estado natural, a substância básica de sua mente que é lúcida, silenciosa e vividamente desperta. Simplesmente enxergar a mente desta forma é

---

que a versão *Martri* diz: "Ao ver e realizar que o pensamento desta forma se dissolve por si mesmo..."

[37] Em outro texto fonte, Shri Singha define *Ati* como "autoexistência livre de nascimento".

[38] Shri Singha diz: "Sabedoria (*rigpa*) é a sabedoria do estado desperto original que é a experiência pessoal."

o ponto essencial de naturalmente purificar a ignorância. Tsogyal, este conselho de extrema importância eu ofereço a você.

❀

4. Lady Tsogyal perguntou ao Mestre Nascido do Lótus: Qual é a linha divisória entre mente e essência da mente?
O mestre respondeu: *Mente (sem)* é o pensamento formativo. A *essência da mente (semnyi)* é livre de pensamentos e de ação mental. Ao experimentar esta essência como sendo o seu fluxo de ser, interrompa a atividade de pensamentos de sua mente e deixe-a repousar, não elaborada como ela naturalmente é. Este estado silencioso e vividamente desperto, livre de qualquer ação mental, é o ponto essencial da natural purificação da própria mente. Tsogyal, este conselho de extrema importância eu ofereço a você.

❀

5. Lady Tsogyal perguntou ao Mestre Nascido do Lótus: Qual é a linha divisória entre a base de tudo (N.T. substrato) e a consciência base de tudo?
O mestre respondeu: Na *base de tudo (kunzhi)*, *tudo* se refere aos pensamentos em movimento que conceituam, enquanto que *base* é a sabedoria básica que está fundida com o dharmakaya e, portanto, é um recipiente para tendências habituais positivas e negativas. A *consciência base de tudo (kunzhi namshey)* é a mente que se agita a partir da base de tudo e surge como pensamento. Ao aplicar isto em sua experiência, permita que seu estado natural não elaborado, sua natureza verdadeira e básica, não seja per-

turbada pelo pensamento, mas permaneça silenciosa, livre de pensamentos e vividamente desperta. Reconheça-a como o estado natural tanto no caso da base de tudo, da consciência e da natureza básica das coisas. Portanto, este é o ponto essencial de naturalmente se dissolver no dharmakaya. Tsogyal, este conselho de extrema importância eu ofereço a você.

6. Lady Tsogyal perguntou ao mestre Nascido do Lótus: Qual é a linha divisória entre mente e consciência mental?

O mestre respondeu: *Mente (yid)* é a base para o pensamento, enquanto a *consciência mental (yidkyi namshey)* é toda a atividade de pensamento possível, o vento que a coloca em movimento. Ao aplicar isto experiencialmente em seu fluxo de ser, não se agite com o vento que inflama as emoções, mas permita que a mente permaneça livre de pensamentos e não esteja compreendida por qualquer tipo de identidade, assim como a chama de uma lamparina de manteiga não perturbada pelo vento. Permaneça desperta, porém sem formar conceitos. Este é o ponto essencial de naturalmente dissolver a mente e a consciência mental na natureza lúcida de dharmata. Tsogyal, este conselho de extrema importância eu ofereço a você.

7. Lady Tsogyal perguntou ao mestre Nascido do Lótus: Qual é a linha divisória entre o absoluto e o relativo?

O mestre respondeu: O *absoluto* é aquilo que transcende o domínio da mente conceitual. O *relativo* é aquilo que experimenta sem inibições, e cuja identidade é qualquer estado mental deludido possível. Ao aplicar isto experiencialmente ao seu fluxo de ser, ao olhar para o relativo você vê que o relativo não consiste de qualquer domínio para a mente conceitual, mas em vez disso é vazio enquanto experiencia e não é constituído de qualquer tipo de coisa. Este é o ponto vital de naturalmente dissolver o relativo no absoluto. Tsogyal, este conselho de extrema importância eu ofereço a você.

8. **Lady Tsogyal perguntou ao mestre Nascido do Lótus: Qual é a linha divisória entre esta margem e a outra margem?**

O mestre respondeu: O termo *esta margem* se refere aos fenômenos samsáricos, e *outra margem* àquilo que está além do samsara. Ao aplicar isto experiencialmente ao seu próprio fluxo de ser, olhe para a mente pensante normal pertencente a esta margem, e assim veja que ela é totalmente insubstancial, uma capacidade cognitiva que não pode ser apreendida. Isto é conhecido como *chegar à outra margem* e é o ponto essencial de dissolver esta margem na chegada à outra margem.[39] Tsogyal, este conselho de extrema importância eu ofereço a você.

9. **Lady Tsogyal perguntou ao mestre Nascido do Lótus: Qual é a linha divisória entre o embotamento e o estado desperto?**

---

39 A frase "chegar à outra margem" é uma tradução literal de paramita.

O mestre respondeu: O *embotamento* é a falha em compreender qualquer coisa por causa de um denso véu mental. O *estado desperto* é enxergar vividamente o estado original, natural, tal como ele é. Ao aplicar isto experiencialmente ao seu fluxo de ser, olhe para esta própria mente ignorante que não compreende - sem questionar se a mente entende ou não - e assim veja que ela não consiste de qualquer tipo de identidade, mas é lúcida e não obscurecida. Este é o ponto essencial de naturalmente dissolver o embotamento. Tsogyal, este conselho de extrema importância eu ofereço a você.

10. Lady Tsogyal perguntou ao Mestre Nascido do Lótus: Qual é a linha divisória entre amor e ódio?

O mestre respondeu: *Ódio* é ter aversão por outro objeto, *amor* é adorar outro objeto. Ao aplicar isto experiencialmente ao seu próprio fluxo de ser, olhe para o objeto que dispara o ódio e veja que ele é vazio, desprovido de qualquer tipo de identidade. Olhe para o objeto que provoca compaixão e veja que ele também é vazio e não possui qualquer tipo de identidade. O seu inimigo odiado é mente, e o seu amigo amado também é mente. Compreender que esta mente é vazia e não é constituída de qualquer tipo de coisa é o ponto essencial de naturalmente dissolver amor e ódio. Tsogyal, este conselho de extrema importância eu ofereço a você.

11. Lady Tsogyal perguntou ao Mestre Nascido do Lótus: Qual é a diferença entre desejo e deleite?

O mestre respondeu: *Desejo* é estar apegado e ansiar por uma certa coisa. *Deleite* é a alegria produzida na mente. Ao aplicar isto experiencialmente ao seu fluxo de ser, olhe para a mente que sente desejo e veja que o deleite ao observar um objeto atraente ou uma propriedade é apenas uma experiência de prazer. Desejo e deleite são ambos mente. Visto que esta mente não consiste de qualquer tipo de coisa, esse é o ponto essencial de naturalmente dissolver o desejo e o deleite. Tsogyal, este conselho de extrema importância eu ofereço a você.

12. Lady Tsogyal perguntou ao Mestre Nascido do Lótus: Qual é a linha divisória entre o eu e o outro?

O mestre respondeu: O *eu* é uma fixação óbvia; o *outro* é uma discriminação tendenciosa. Ao aplicar isto experiencialmente ao seu próprio fluxo de ser, olhe para o eu e veja que ele não consiste de um eu ao qual você possa se fixar. Olhe para o outro e veja que ele não consiste de uma categoria com uma única face à qual você possa se fixar. Tanto *eu* quanto *outro* são mente. Esta qualidade vazia da mente é o ponto chave de naturalmente dissolver o eu e o outro sem divisões. Tsogyal, este conselho de extrema importância eu ofereço a você.

13. Lady Tsogyal perguntou ao Mestre Nascido do Lótus: Qual é a linha divisória entre dor e prazer?

O mestre respondeu: *Dor* é um desconforto da mente, enquanto *prazer* é um bem-estar mental. Ao aplicar isto experiencialmente ao seu fluxo de ser, olhe para o estado doloroso de desconforto e veja que ele não consiste de qualquer substância concreta, mas é apenas mente. A mente é vazia e esta qualidade vazia é um estado de bem-estar - este é o ponto essencial de transformar a dor em bem-estar. Tsogyal, este conselho de extrema importância eu ofereço a você.

14. Lady Tsogyal perguntou ao Mestre Nascido do Lótus: Qual é a linha divisória entre as ações positivas e prejudiciais?

O mestre respondeu: *Positiva* é qualquer ação que seja virtuosa, enquanto *negativa* é a ação que acarrete um amadurecimento cármico não virtuoso. Ao aplicar isto experiencialmente ao seu fluxo de ser, todas as ações cármicas e seu amadurecimento são unificadas no estado da mente desperta, e esta mente é desde o princípio imaculada pelas virtudes das ações virtuosas ou pelas falhas das ações não virtuosas. Visto que esta mente vazia não acumula amadurecimentos cármicos, este é o ponto essencial de transformar ações prejudiciais em bondade. Tsogyal, este conselho de extrema importância eu ofereço a você.

15. Lady Tsogyal perguntou ao Mestre Nascido do Lótus: Qual é a linha divisória entre a mente dos budas e a dos seres sencientes?

O mestre respondeu: A *mente búdica* nunca se move da natureza essencial, enquanto a *mente de um ser sencien-*

te está em movimento. Ao aplicar isto experiencialmente, permita que esta mente de ser senciente com seus movimentos e pensamentos se torne não elaborada, sua base não composta por qualquer tipo de identidade. Essa é a mente original, natural, o estado de grande autoexistência, e é conhecida como a permanência na mente búdica. Este é o ponto essencial de dissolver a mente de um ser senciente na mente búdica. Tsogyal, este conselho de extrema importância eu ofereço a você.

16. **Lady Tsogyal perguntou ao Mestre Nascido do Lótus: Qual é a linha divisória entre deuses e demônios?**

O mestre respondeu: Um *deus* é alguém que abandonou toda a má vontade; um *demônio* é alguém que guarda má vontade. Ao aplicar isto experiencialmente ao seu fluxo de ser, a percepção de deuses e demônios é ela mesma a sua mente pensante. Olhe diretamente para o próprio pensamento e veja que ele não possui qualquer identidade concreta, mas é vazio. Nesse momento, o pensamento de deuses e demônios é interrompido; portanto, este é o ponto essencial de naturalmente dissolver deuses e demônios. Tsogyal, este conselho de extrema importância eu ofereço a você.

17. **Lady Tsogyal perguntou ao Mestre Nascido do Lótus: Qual é a linha divisória entre um inimigo e o próprio filho?**

O mestre respondeu: Um *inimigo* é alguém que é visto como um adversário, enquanto o *próprio filho* é alguém estimado com afeto. Ao aplicar isto experiencialmente ao seu fluxo de ser, olhe para a sua direita e veja o inimigo; olhe para a sua esquerda e veja seu filho; olhe para a sua mente e veja que é ela que enxerga alguém como inimigo e também que considera alguém como seu filho. Olhe para essa percepção dualista e veja que ela não possui nem base nem substância concreta. A própria insubstancialidade é o ponto essencial de naturalmente dissolver a noção de inimigo. Tsogyal, este conselho de extrema importância eu ofereço a você.

18. Lady Tsogyal perguntou ao Mestre Nascido do Lótus: Qual é a linha divisória entre o que é valioso e o que não vale nada?

O mestre respondeu: Ser *valioso* significa que algo é considerado com carência e apego; *não valer nada* significa não se envolver com a carência e o apego. Ao aplicar isto experiencialmente ao seu fluxo de ser, olhe para a direita e veja ouro; olhe para a esquerda e veja o lixo aversivo. O apego ao ouro e a aversão à sujeira estão ambos em sua mente. Ouro e imundície são iguais, uma vez que essa mente é primordialmente vazia e não possui substância concreta. Este é o ponto essencial de compreender que ouro e sujeira não são diferentes. Tsogyal, este conselho de extrema importância eu ofereço a você.

19. Lady Tsogyal perguntou ao Mestre Nascido do Lótus: Qual é a linha divisória entre aquele que percebe e o que é percebido?

O mestre respondeu: Aquilo que é *percebido* é considerar os objetos materiais externos como reais; aquele que *percebe* é apreender erroneamente a mente interna como real. Ao aplicar isto experiencialmente ao seu fluxo de ser, olhe para os objetos percebidos externamente e compreenda que as aparências são vazias por si mesmas. Olhe para a mente interna que percebe e veja que a mente é intangível e vazia. Compreender isto é o ponto essencial da realização de que aquele que percebe e o que é percebido são indivisíveis como uma vacuidade aparente. Tsogyal, este conselho de extrema importância eu ofereço a você.

20. **Lady Tsogyal perguntou ao Mestre Nascido do Lótus: Qual é a linha divisória entre aceitação e rejeição?**

O mestre respondeu: *Aceitação* é acolher algo mentalmente sem rejeições; *rejeição* é descartar mentalmente. Ao aplicar isto experiencialmente ao seu fluxo de ser, reconheça que o sofrimento do samsara é a mente dualista. Entenda a sua inutilidade e esteja livre das urgências das buscas mundanas. Ao afastar sua mente do samsara, você encontra a libertação de não precisar mais de qualquer tipo de coisa. Assim, compreender esta ausência de algo para aceitar ou rejeitar é o ponto essencial de naturalmente dissolver aceitação e rejeição. Tsogyal, este conselho de extrema importância eu ofereço a você.

21. **Lady Tsogyal perguntou ao Mestre Nascido do Lótus: Qual é a linha divisória entre o pensamento e a ausência de pensamentos?**

O mestre respondeu: *Pensamento* é ruminar e ponderar. *Ausência de pensamentos* é a ausência de ação mental, permanecer de modo que os movimentos do pensamento se dissolvam por si mesmos. Ao aplicar isto experiencialmente ao seu fluxo de ser, não importa qual tipo de pensamento surja, nem o rejeite nem o modifique. Em vez disso, permita que ele naturalmente se dissolva, livre de fabricação mental. Como ele não possui identidade concreta, não resta nenhum traço dele. Isto é chamado de trazer o pensamento para o ponto essencial da ausência de pensamentos. Tsogyal, este conselho de extrema importância eu ofereço a você.

❀

22. Lady Tsogyal perguntou ao Mestre Nascido do Lótus: Qual é a linha divisória entre a acumulação de méritos como causa e a acumulação de sabedoria como efeito?

O mestre respondeu: A *causa* - a acumulação de méritos - se refere ao estágio do desenvolvimento, recitação e cantos, prestar homenagem e oferecer *tormas*, generosidade, disciplina, paciência, perseverança e assim por diante. O *efeito* - a acumulação de *sabedoria* - se refere ao treinamento em concentração e ao insight da natureza básica de vacuidade. Não importa como você treine, o ponto essencial de aperfeiçoar o mérito até o efeito da sabedoria é selá-lo com a ausência total do conceito de agente e ação. Tsogyal, este conselho de extrema importância eu ofereço a você.

23. Lady Tsogyal perguntou ao Mestre Nascido do Lótus: Qual é a linha divisória entre shamatha e vipashyana?

O mestre respondeu: *Shamatha* é o enfraquecimento total da atividade de pensamentos quando sua atenção permanece imóvel; *vipashyana* é a visão vívida e imediata da natureza de dharmata. Ao aplicar isto experiencialmente ao seu fluxo de ser, depois de estabelecer-se na natureza de igualdade de dharmata, você experiencia vividamente a vacuidade, a natureza das coisas, em tudo o que vê e o que pensa - isto é chamado de o ponto essencial de realizar shamata e viapashyana não duais. Tsogyal, este conselho de extrema importância eu ofereço a você.

24. Lady Tsogyal perguntou ao Mestre Nascido do Lótus: Qual é a diferença entre meios e sabedoria?

O mestre respondeu: *Meios hábeis* refere-se a ser engenhoso e ter discernimento, enquanto *sabedoria* refere-se a conhecer e ver a realidade. Ao aplicar isto experiencialmente ao seu fluxo de ser, a natureza não nascida de sua mente - sua vacuidade que não possui identidade alguma - é discernida aplicando meios hábeis, enquanto ela é conhecida e vista através da sabedoria. Este é o ponto essencial de realizar a vacuidade não nascida e a sabedoria de dharmata como indivisíveis. Tsogyal, este conselho de extrema importância eu ofereço a você.

25. Lady Tsogyal perguntou ao Mestre Nascido do Lótus: Qual é a linha divisória entre o equilíbrio e o estado pós-meditativo?

O mestre respondeu: *Equilíbrio* é estabelecer o seu corpo, fala e mente em equanimidade, acalmar sua atenção incansável e estabilizar esta calma. *Estado pós-meditativo* é, depois de se levantar do estado de equilíbrio, colocar em uso o princípio anteriormente mencionado e fortalecê-lo ainda mais. Ao aplicar isto ao seu fluxo de ser, durante o equilíbrio você treina na compreensão de que todas as coisas são livres de construções como o espaço. Para a compreensão subsequente durante os quatro tipos de atividades diárias, você treina na compreensão de que as aparências estão além das construções do pensamento. Isto é conhecido como o ponto essencial de realizar a não dualidade entre equilíbrio e pós-meditação. Tsogyal, este conselho de extrema importância eu ofereço a você.

26. Lady Tsogyal perguntou ao Mestre Nascido do Lótus: Qual é a linha divisória entre espaço e estado desperto?

O mestre respondeu: *Espaço* é a natureza da mente, a essência pura de dharmata revelada em sua profundidade. *Estado desperto* é a sabedoria de que esse espaço está dentro de você. Ao aplicar isto ao seu próprio fluxo de ser, a natureza da mente - o verdadeiro dharmata que não consiste de qualquer materialidade - é pura e difícil de ser compreendida. Enxergar este dharmakaya através do estado desperto de sabedoria intrínseca é dharmata revelado em sua profundidade. Permanecer nesta continuidade é conhecido como trazer espaço e estado desperto para o ponto essencial de realizar a indivisibilidade. Tsogyal, este conselho de extrema importância eu ofereço a você.

27. Lady Tsogyal perguntou ao Mestre Nascido do Lótus: Qual é a linha divisória entre os darmas e dharmata?

O mestre respondeu: Os *darmas* são os fenômenos virtuosos, não virtuosos e neutros - tudo que pode ser descrito e indicado desta forma. *Dharmata* significa que todos eles são vazios em essência, vazios por natureza e vazios de características. Ao aplicar isto experiencialmente ao seu fluxo de ser, dharmata é a realização de que todos os fenômenos surgem desta mente que é vacuidade. Isto é conhecido como o ponto essencial de realizar a não dualidade dos darmas e de dharmata. Tsogyal, este conselho de extrema importância eu ofereço a você.

28. Lady Tsogyal perguntou ao Mestre Nascido do Lótus: Qual é a linha divisória entre a visão e aquele que vê?

O mestre respondeu: A *visão* é a mente búdica não distorcida; *aquele que vê* é a mente de um ser senciente. Ao aplicar isto experiencialmente ao seu fluxo de ser, a visão não está em algum outro lugar. A visão abrange tudo de forma não tendenciosa e vasta, livre de centro e bordas, portanto, permita que a essência de sua mente repouse de forma não elaborada. Enquanto sua mente olha para isso, não a considere como 'outro', mas sim como primordialmente presente em você. Isto é a realização do ponto essencial da não dualidade entre aquilo que é visto e aquele que vê. Tsogyal, este conselho de extrema importância eu ofereço a você.

29. Lady Tsogyal perguntou ao Mestre Nascido do Lótus: Qual é a linha divisória entre meditação e meditador?

O mestre respondeu: *Meditação* é colocar-se no estado não elaborado e natural do dharmata livre de pensamentos; o *meditador* é a mente do iogue. Ao aplicar isto experiencialmente ao seu fluxo de ser, relaxe corpo e mente no estado não fabricado da essência ordinária de sua mente, e permaneça no estado autoexistente, autoconhecedor que não é afetado por pensamentos. Como não é possível encontrar alguém treinando de forma separada nesse estado, ele é conhecido como o ponto essencial da compreensão de que meditador e meditação são indivisíveis. Tsogyal, este conselho de extrema importância eu ofereço a você.

30. Lady Tsogyal perguntou ao Mestre Nascido do Lótus: Qual é a linha divisória entre conduta e aplicação?

O mestre respondeu: A *conduta* é qualquer coisa que você faça; a *aplicação* é empregar todas as suas ações para avançar na sua prática. Ao aplicar isto experiencialmente ao seu fluxo de ser, proteja o que quer que faça - caminhar, mover-se, deitar, sentar-se e assim por diante - com o guardião da atenção plena. Não se deixe apanhar por rotinas [descuidadas]. Envolva sua conduta e aplicação com dharmata. Isto é conhecido como o ponto essencial da compreensão de que conduta e aplicação são indivisíveis. Tsogyal, este conselho de extrema importância eu ofereço a você.

31. Lady Tsogyal perguntou ao Mestre Nascido do Lótus: Qual é a linha divisória entre a fruição a ser atingida e aquele que a atinge?

O mestre respondeu: A *fruição a ser atingida* são os três kayas; *aquele que a atinge* é a mente que tem a intenção de realizá-los. Ao aplicar isto experiencialmente ao seu fluxo de ser, os três kayas não estão em nenhum outro lugar. A natureza da mente e a natureza das coisas sendo vazias e indivisíveis, isto é o dharmakaya. Experienciar isto como uma capacidade cognitiva ilimitada é o sambhogakaya. A exibição da consciência se manifestando de múltiplas formas é o nirmanakaya. Reconheça que a fruição a ser atingida está presente em você e não é algo a ser realizado em algum outro lugar. Isto é conhecido como o ponto essencial de compreender que a fruição está presente dentro de você exatamente agora e não é um objeto a ser atingido. Tsogyal, este conselho de extrema importância eu ofereço a você.

✸

32. Lady Tsogyal perguntou ao Mestre Nascido do Lótus: Qual é a linha divisória entre os samayas a serem observados e a sua observância?

O mestre respondeu: Os *samayas* a serem observados são a raiz e os ramos e assim por diante; sua *observância* é resguardar corpo, fala e mente de danificações. Ao aplicar isto experiencialmente ao seu fluxo de ser, os samayas a serem observados e sua observância - todas as raízes de corpo, fala e mente, junto com os quatro ramos maiores - nada mais são que a natureza contínua de sua mente. Reconhecer esta mente livre de falhas é conhecido como o ponto essencial de realizar os samayas. Tsogyal, este conselho de extrema importância eu ofereço a você.

Quando eu, a garota Tsogyal, de mente inferior,
Supliquei ao Nascido do Lótus, um mestre nirmanakaya,
Respeitosamente com corpo, fala e mente,
Eu recebi este conselho, a explicação dos pontos essenciais.

Para as pessoas do futuro eu os coloquei por escrito.
Sendo inadequados para serem disseminados, eu os ocultei em um tesouro.
Que eles possam encontrar o ser destinado que possui as conexões cármicas,
E purificar seus obscurecimentos para que ele conquiste o estágio de detentor da sabedoria.

Este foi o conselho essencial de pontos vitais, o ciclo selado de confiança que eu escrevi no Pico do Junípero de Pérolas de Cristal, no 25º dia do terceiro mês do verão do Ano da Lebre filhote.

SELO DE TESOURO. ৪

SELO DE OCULTAÇÃO. ৪

SELO DE CONFIANÇA. ৪

9
Conselho para combinar desenvolvimento e consumação, as práticas dotadas e desprovidas de conceitos

O rei Lhasey perguntou ao mestre Padmasambava: Grande mestre, eu lhe imploro que nos dê uma instrução direta para combinar as práticas dotadas e desprovidas de conceitos.

Tendo dito isto, ele ofereceu uma mandala de ouro e acompanhou seu pedido com uma oferenda de festim. Então, o mestre deu as seguintes instruções:

OM AH HUNG

Aqui está a instrução para reconhecer que três sílabas são o grande selo de corpo, fala e mente:

Onde quer que você esteja, este é o local de retiro, a

montanha de seu corpo. Aqui vive a sua mente, o meditador eremita.

De início, visualize-se como a deidade *yidam*, completa em um instante de recordação. Reconheça que a vívida presença da forma corpórea da deidade é o sambhogakaya, com sua cor, implementos, adornos e vestimentas. Reconheça que sua forma corpórea é o nirmanakaya, que apesar de visível é insubstancial e não tem substância material.

Enquanto visualiza isto, reconheça que sua mente não é a miríade de formações de pensamentos, mas sim o dharmakaya, e que ela permanece lúcida e livre de pensamentos como a chama de uma lamparina de manteiga protegida do vento. Reconheça que esta deidade visualizada não é encontrada em qualquer outro lugar além de sua mente, vista como sendo a identidade da deidade.

Consagre então essa deidade com as bênçãos de corpo, fala e mente. Reconheça que o OM branco, visualizado sobre uma roda de quatro raios na coroa de sua cabeça, é a identidade do corpo de todos os sugatas. Reconheça que o AH vermelho, visualizado sobre um lótus de quatro pétalas em sua garganta, é a identidade da fala de todos os sugatas. Reconheça que o HUNG azul escuro, visualizado no centro de uma cruz vajra no centro de seu coração, é a identidade da mente de todos os sugatas.

Reconheça que essa deidade de corpo, fala e mente, vividamente presente como o grande mudra, espontaneamente perfeita desde o princípio sem ser procurada, é a identidade do estado desperto. Reconheça que treinar neste reconhecimento é o cultivo de todos os budas ao cultivar uma única deidade *yidam*. Reconheça que sua forma corpórea, enquanto vividamente presente, não está sujeita nem à decrepitude nem à decadência, e está além de nascimento e morte. Estas foram as instruções diretas para o grande selo do corpo.

Agora eu darei as instruções diretas para as três sílabas da fala. Reconheça que o OM branco na coroa de sua cabeça é a identidade do corpo dos sugatas, o AH em sua garganta é a identidade de sua fala, e o HUNG em seu coração é a identidade de sua mente. Reconheça que o OM purifica os obscurecimentos físicos de todos os seres sencientes dos três reinos, o AH purifica os da fala, e o HUNG purifica os da mente.

Três sinais de realização resultam da purificação dos obscurecimentos de corpo, fala e mente:

- A bem-aventurança surge em seu corpo através da realização do corpo a partir do OM; assim, reconheça isto como o dharmakaya bem-aventurado.
- A capacidade surge em sua voz através da realização da fala a partir do AH; assim, reconheça isto como o som de dharmata da vacuidade audível.
- A realização surge em sua mente através da realização da mente a partir do HUNG; reconheça isto como a presença livre de pensamentos do dharmadhatu.

Um estado triplo incessante ocorre quando estes [sinais] estiverem vividamente presentes:

- O OM é a inalação da respiração e surge da coroa de sua cabeça.
- O AH é a permanência intermediária da respiração que surge de sua garganta.
- O HUNG é a exalação que surge do centro de seu coração.

Reconheça estas três sílabas, incessantes como a inalação e a exalação de sua respiração, como sendo a recitação vajra. Esta foi a instrução direta para as três sílabas da fala. Agora darei as instruções que apontam corpo, fala e mente:

Reconheça que o OM, a identidade do nirmanakaya, é sua mente atual com suas miríades de formações de pensamento. Reconheça que o AH, a identidade do sambhogakaya, é a sua consciência naturalmente presente, cognoscitiva e ilimitada. Reconheça que o HUNG, a identidade do dharmakaya, é sua mente não construída e não constituída de qualquer tipo de coisa.

Além disso, visto que o OM é a identidade do nirmanakaya, reconheça que ele é a *conduta* - experienciar de todas as formas possíveis estando livre do apego às miríades de coisas. Visto que o AH é a identidade do sambhogakaya, reconheça que ele é a *meditação* - estar presente sem fixações. Visto que o HUNG é a identidade do dharmakaya, reconheça que ele é a *visão* - grande bem-aventurança ilimitada totalmente livre do desejo intenso.

Reconheça que o OM, a identidade do nirmanakaya, é o surgimento de pensamentos como dharmata, pois os movimentos de pensamentos e as memórias se dissolvem em si mesmos. Reconheça que o AH, a identidade do sambhogakaya, é meditação além de sessões e intervalos porque esta identidade se manifesta como o dharmata naturalmente lúcido. Reconheça que o HUNG, a identidade do dharmakaya, é a visão do dharmata sem base, livre dos desvios. Esta foi a instrução direta para o corpo, a fala e a mente triplos.

Para combinar estas instruções em um ponto, considere seu corpo como vacuidade aparente não dual, visível, porém insubstancial; sua fala como as três sílabas; e claramente as pronunciando em sua mente, elas são sabedoria vazia não dual. Deter estes três pontos é a combinação das práticas dotadas e desprovidas de conceitos. Grande rei, elas o farão atingir o estado búdico sem falhas; assim, assuma-as em sua prática diária. Juro que eu, Padma, não possuo uma instrução superior a esta.

Ao receber estas instruções o rei ficou exultante, se prostrou e depois lançou ao ar ouro em pó.

Esta foi a instrução sobre a combinação de desenvolvimento e consumação.

10
INSTRUÇÃO PARA MULHERES SOBRE COMO ATINGIR A ILUMINAÇÃO SEM ABANDONAR AS ATIVIDADES DIÁRIAS

O grande mestre, conhecido como Padmasambava, que não era maculado por um útero, nasceu milagrosamente de uma flor de lótus. O poderoso rei do Tibete o convidou para ir à Terra das Neves. Depois de ter domado a terra para Samye, ele residiu no Pico do Junípero de Pérolas de Cristal. Foi nessa ocasião que sete mulheres extraordinárias - Lady Tsogyal de Kharchen, Lady Lago de Diamante de Shelkar, Lady Veneração Esplêndida de Chokro, Lady Matingma de Dro, Lady Crista de Joia de Margong, Lady Luz Cintilante de Chim e Lady Mati de Ruyang - prepararam uma mandala de ouro do tamanho de um cúbito com flores de turquesa como as sete posses reais.

Depois de terem feito uma oferenda de festim com vinho de arroz e uma variedade de iguarias, elas fizeram este pedido: Grande mestre, por favor, ouça. Compartilhe conosco sua presença física livre de máculas, sua voz prístina e sua mente que transcende todas as construções conceituais.

Lady Tsogyal, a princesa de Kharchen, dirigiu-se ao Mestre do Lótus desta forma: Por favor, conceda uma instrução para despertar para a iluminação nesta mesma vida enquanto em um corpo feminino, para uma mulher como eu, que não sou muito inteligente e tenho as faculdades obscurecidas, não tenho uma formação e minha mente é estreita. Por favor, ofereça uma instrução que seja fácil de compreender e de lembrar e que seja simples de apreender e de realizar.

O mestre então a instruiu com estas palavras: Princesa de Kharchen, ouça agora. A verdadeira natureza de dharmata não é um objeto que a mente possa apreender; ela não possui dimensão e não pertence a qualquer categoria. Ela é uma natureza que não pode ser identificada de qualquer forma e, portanto, não precisa ser analisada pelo intelecto. Ela é simplesmente uma questão de reconhecer a mente que está sempre presente dentro de você desde o princípio, e assim, não é necessário inteligência. Deixe de lado a ideia de ser sagaz, e simplesmente permaneça.

Esta natureza verdadeira não está sob o domínio do intelecto. Como ela é uma pureza autoexistente, não nascida e naturalmente presente, não há necessidade de deliberadamente cultivá-la. Ela é experienciada simplesmente como uma presença natural; portanto, não é necessário sustentá-la na mente, nem é necessário ter faculdades aguçadas. Apenas deixe o intelecto para si mesmo. A mente da igualdade não é nem ampla nem estreita. A mente búdica e a mente de um ser senciente derivam de uma única base, que é a mente desperta. Ela se torna iluminada ao realizá-la, e quem não a realizar vagará no samsara. A identidade desta mente, que desafia as construções conceituais, é um brilho lúcido, uma simples vacuidade constituída de coisa alguma, uma presença desimpedida, vívida - que é a mente de um buda. Não há nada que você precise compreender além disso, assim, resolva este ponto realizando-a.

A natureza de dharmata não é apreendida por nomes ou escrituras, portanto, transcende os limites das construções conceituais. Esta instrução não tem roteiro ou texto. Não há detalhes elaborados a serem discernidos. Assim que você entender isto, não importa se tem faculdades obscurecidas ou não tem nenhuma formação - uma vasta erudição não é requerida.

Esta é a compreensão na qual você deveria se estabelecer. Isto também é a grande linhagem escritural, solucionará todo o escopo do aprendizado e da reflexão. É o que lhe permitirá despertar para a iluminação nesta mesma vida, antes de deixar este corpo. Assim, treine desta forma.

Apesar disso, vocês mulheres não compreendem quando isto é explicado; vocês não veem quando é mostrado; não ouvem quando é relatado; e não conseguem guardar segredos, mas insistentemente pedem mais ensinamentos. Apesar de o Darma não estar em seus corações, vocês se gabam por aí como se ele estivesse. Para mulheres como você este ensinamento dificilmente será bem-sucedido, assim, não se engane, mas dê à sua prática extrema atenção.

❀

Lady Lago de Diamante de Shelkar então perguntou: Grande mestre, ouça-me. Para uma mulher como eu, de pobre disposição, que é incapaz de praticar com diligência, peço-lhe que conceda uma instrução para despertar para a iluminação apesar da indolência.

❀

O mestre então a instruiu com estas palavras: Lady de Shelkar, ouça agora. A natureza de dharmata está naturalmente presente em sua mente, portanto, está bem se você é indolente.

O que se quer dizer com a verdadeira natureza de dharmata? Ela é este estado desperto lúcido ilimitado que está naturalmente presente. Ela não precisa ser procurada em outro lugar. Ao reconhecer esta mente de igualdade, autoexistente e incessante, está bem se você é indolente. Uma vez que cada tipo de percepção aparece como a expressão desta natureza consciente da mente, não importa qual movimento de pensamento aconteça, ele surge e se dissolve novamente na natureza de dharmata, assim, o estado desperto original é incessante.

Esta natureza que deve ser realizada não é algo a ser

cultivado ou alcançado, portanto, está bem se você é indolente. Dentro de uma natureza como dharmata não há absolutamente nada a ser cultivado ou alcançado; ela está presente como sua posse natural desde o princípio. Cada tipo de atividade ou esforço a amarra com a corda da ambição. Não há resultado separado para alcançar por meio do esforço e da dedicação. Permita que sua mente de igualdade relaxe sem ponto de apoio no estado realizado de dharmata.

Se você for capaz de ser indolente depois de realizar esta natureza, isso mesmo é o estado desperto de um buda. Você não terá medo de renascer novamente no samsara.

Apesar disso, uma mulher como você não consegue repousar e ficar parada. Você sempre faz planos elaborados para atividades desnecessárias e não pensa nem por um instante na prática do Darma que é necessária. Quando você se posiciona para observar a natureza da mente, é incapaz de olhar mesmo por um momento; em vez disso, você incansavelmente mantém um olho para observar sua aparência, o que é desnecessário. Sem conquistar força na prática de meditação, você enfatiza as conversas inúteis, incessantes como a baba de uma vaca velha.

Eu nunca vi nenhum sucesso ao ensinar tais mulheres. Se você deseja perseverar, faça isto seguindo a prática do Darma.

Lady Veneração Esplêndida de Chokro então perguntou ao mestre: Grande mestre, ouça-me. Para uma mulher como eu, cujas cinco emoções venenosas são fortes, por favor, conceda uma instrução para despertar para a iluminação sem ter que rejeitar os cinco venenos.

Então, o mestre a instruiu com estas palavras: Lady de Chokro, ouça agora. As cinco emoções venenosas são uma posse natural dentro de você desde o princípio, portanto, não podem ser descartadas apenas as rejeitando. Elas não são transformadas pela transformação ou purificadas pela purificação. Uma vez que estes cinco venenos são da natureza de dharmata, eles devem ser liberados onde se encontram, dissolvendo-se naturalmente.

A identidade da raiva é vazia. No exato momento após a raiva ter desabrochado em um inferno, não há nada mais no que a raiva possa se transformar, assim, nada mais cresce. O objeto da raiva é vazio, assim, nada cresce a partir dele também. A raiva é vazia de uma identidade individual e por isso não possui nem forma nem cor, matéria ou substância, portanto, dissolve-se sem ter que ser rejeitada. A raiva não causa danos ao surgir e não há benefício por ela não surgir. A raiva naturalmente se dissolve na expansão de dharmata.

É o mesmo com o desejo, o embotamento, o orgulho e a inveja - eles são vazios de localizações, por isso, não têm origem; em seguida, eles não têm um lugar próprio e nem base ou substância; e, finalmente, são vazios de identidade e não consistem de cor nem de forma. As cinco emoções venenosas se dissolvem onde se encontram, não deixando traços. O estado desperto original desponta conscientemente. Os pensamentos são liberados como dharmata. A corda da dualidade é cortada.

Ao praticar depois de ter compreendido isto, qualquer uma das cinco emoções venenosas que surja despontará como dharmata. Elas não precisam ser rejeitadas. O estado desperto original não precisa ser produzido. Esta é a instrução para permitir que as cinco emoções sejam naturalmente liberadas. Praticando de acordo com este princípio, não há como evitar que você alcance o estado búdico.

Apesar disto, mulheres como você inflamam suas mentes com as cinco emoções venenosas. Elas se encharcam nas tendências não virtuosas e se entregam aos seus desejos. Sua paixão por um homem é como os ventos raivosos da dualidade. Sujando-se e emporcalhando-se, tais mulheres se agarram a montes de poeira. Sem pensar no Darma, mas apenas em si mesmas, elas são rígidas e inflexíveis. Os cinco venenos carregam o perigo de se alastrar sem controle, assim, aplique-se à prática.

Lady Matingma de Dro perguntou então ao Mestre do Lótus: Grande mestre, ouça-me. Para uma mulher como eu, que tem muitas tarefas e muitas distrações, por favor, conceda uma instrução para despertar para a iluminação sem ter que abandonar as atividades.

O mestre a instruiu com estas palavras: Lady Matingma de Dro, ouça agora.[40] Dharmata se manifesta sob incontáveis formas, portanto, todas as coisas são o estado desperto. Desfrutar sem se fixar a qualquer um dos cinco

---

[40] Formas alternativas de soletrar Lady Matingma de Dro são "Tingpangma" e "Mapema".

prazeres sensoriais é como saborear um prato de comida. O não apego é a forma da ação de um buda. Uma vez que o estado desperto autoexistente se revela a partir de você mesma, cada lembrança é o estado desperto. O que quer que ocorra em sua mente, não o siga; deixe se dissipar no próprio lugar - isso mesmo é o estado desperto. É como uma bolha de água que surge da água e se dissolve nela mesma.

O giro no samsara é impermanente, não tem qualquer tipo de substância. Não importa como você possa circular através da manifestação incessante de nascimento, velhice, doença e morte, como aparições mágicas nenhuma delas possui qualquer substância, uma vez que todas ocorrem a partir de sua própria mente. Compreenda que elas são ilusões mágicas, são experienciadas, porém são irreais.

A crença em uma essência é uma delusão, assim, não acredite que um ego ou uma essência tenham qualquer substância. Casa e propriedades, marido e filhos, riquezas e pertences são todos como objetos em um sonho; trate-os como fantasias, uma vez que são irreais e ilusórios.

Todas as atividades mundanas são dolorosas por natureza. Como o fio criado da saliva do bicho da seda, elas se manifestam a partir de você, e então elas a acorrentam. O que quer que faça, faça com o selo da ausência de conceitos, e dedique suas ações como a acumulação de mérito. Se praticar desta forma, cada ação que realizar se tornará um dharma que conduz à realização do estado búdico.

Apesar disto, mulheres simples como você possuem

pouca coragem. Tendo inimigos físicos, vocês não podem praticar o Darma, mas são forçadas a se casarem. O seu carma negativo as envolve em tarefas incontáveis, e assim vocês nunca pensam sobre o Darma. Pouquíssimas mulheres obtêm sucesso na prática do Darma, assim, fortaleça-se com a perseverança.

Então a Lady Crista de Joia de Margong perguntou ao mestre: Para uma mulher como eu, que tem um carma não virtuoso, por favor conceda uma instrução para que eu não tenha que renascer novamente como mulher no futuro.

O mestre respondeu: Lady de Margong, ouça agora. A mente desperta que é uma sabedoria autoexistente não é formada no passado, presente ou futuro; e também ela não é masculina ou feminina nem neutra, e não apresenta diferenças em qualidade. Sua autoexistente e auto-originada presença natural, o dharmata que não apresenta nascimento, é livre de morte, transmigração e destruição. Nele não há medo diante das mudanças.

Uma vez que a manifestação de pensamentos a partir desta mente é o estado desperto, não há necessidade para esforço ou cultivo. O pensamento surge dentro dela e se dissolve novamente nela, como as nuvens no céu.

O dharmakaya está presente dentro de você. Como nunca foi formado, o samsara é puro desde o princípio. Ele não encarna em um corpo. A exibição de dharmata é a natureza do insight inteligente, e uma vez que você compreenda isto, não há nada inferior em ser uma mulher. Enquanto falhar em reconhecer a natureza de dharmata, mesmo nascer como um rei poderoso não cessa o fluxo do samsara. De qualquer forma, absolutamente nada pode lhe ajudar a não ser que realize o dharmata não nascido, assim como uma criança não pode nascer de uma mulher estéril. Porém, tão logo você realize o dharmata que nunca nasce, também não é necessário renascer.

Apesar disto, mulheres como você não são inteligentes o bastante para praticar o Darma. Falta-lhes a armadura da perseverança e vocês não conseguem praticar. O seu intelecto tímido torna difícil lhes apresentar a natureza de dharmata; sua fraca coragem as impede de realizá-lo. Pouquíssimas mulheres têm sucesso na prática do Darma, assim, faça o seu melhor em esforçar-se e aplicar sua mente à prática.

Então Lady Luz Cintilante de Chim perguntou ao Mestre do Lótus: Para uma mulher tola como eu, por favor, conceda uma instrução que me desperte para a iluminação através de uma única frase.

O mestre respondeu: Lady de Chim, ouça agora. Desde o princípio a sua mente é uma presença natural autoexistente que nunca nasce e está primordialmente presente em seu fluxo de ser. Ela não é algo que precisa ser reconquistado através do esforço. Uma vez que esta natureza da mente não é algo concreto, treinar em seu reconhecimento significa não cultivar coisa alguma de qualquer tipo. Ela não é um objeto a ser cultivado, nem há alguém para cultivá-la.

Visto que o seu pensamento é um estado desperto original, não considere o embotamento e a agitação como defeitos. Como eles não possuem identidade, os seus pensamentos naturalmente se dissolvem e a presença natural de dharmata se apresenta. O embotamento desaparece à medida que surge desta natureza e nela se dissolve. A agitação também desaparece no espaço básico uma vez que surge desta natureza. Visto que a fruição não é algo a ser alcançado, é suficiente simplesmente realizar a sua própria mente. Uma vez que a sua mente nem morre nem transmigra, ela é a esfera única do dharmakaya. Uma vez que compreenda este significado, a realização do corte único é o estado desperto de um buda.

Apesar disto, mulheres volúveis e desconfiadas como você são incapazes de seguir o conselho de seus mestres com suas rígidas e incorrigíveis emoções. Apenas poucas podem chegar ao fim da prática do Darma; mas, se praticar, valorize as instruções de seu mestre. Esteja disposta a enfrentar pelo menos algumas dificuldades.

Então Lady Mati de Ruyang perguntou ao Mestre do Lótus: Uma vez que a minha diligência é fraca, por favor, conceda-me uma instrução sobre a não ação.

O mestre respondeu: Lady Mati de Ruyang, ouça-me. A natureza de dharmata não é uma substância concreta, portanto, não é algo que possa ser produzido. Visto que esta natureza de dharmata está presente desde o princípio, ela não resulta de prostrações. A natureza de dharmata está dentro de você, presente e não obscurecida. Quando você realizar que sua mente não possui identidade, isto é o estado desperto. Não é algo que precise ser alcançado. Todo esforço e dedicação apenas a acorrentam ao desejo. Repouse, não elaborada e sem meditar.

Apesar disto, mulheres insensatas como você não entendem, não importa o quanto sejam ensinadas. Mesmo quando o dharmakaya é apontado, vocês não o reconhecem. Ao serem introduzidas ao estado desperto, vocês ainda não o veem. Mesmo quando ensinadas, é difícil para vocês compreenderem o corte único da não ação. A maioria de vocês irá distorcer este ensinamento para mulheres, assim, vista uma armadura mais forte e cuide-se para não ser apanhada pelo *mara* de ter um marido. Não gere filhos, em vez disso pratique em isolamento, mesmo que isto seja difícil.

Mais uma vez, o Mestre do Lótus deu às mulheres um conselho: Ouçam agora, fiéis donzelas. Como fonte de refúgio, a mais excelente são as Três Joias, assim, esforcem-se nos métodos para a tomada de refúgio. Esta vida será afortunada e as impedirá de renascer nos reinos inferiores no futuro.

Como objeto de confiança, o mais excelente é o seu guru, assim, honrem-no de forma elevada como a coroa de suas cabeças. Esta vida será abençoada e ele as guiará ao longo do caminho em suas vidas futuras.

Como objeto de veneração, o mais excelente é o seu yidam, assim, façam oferendas de festim e tormas. Isto realizará os seus objetivos nesta vida e lhes trará prosperidade nas próximas.

Como objeto de homenagem, o mais excelente são os seus pais, assim, sirvam-lhes e cuidem deles. Isto trará benefício imediato nesta vida e assegurará sua ajuda no futuro.

Como companheiro, o mais excelente é o seu marido, assim, estimem-no como fariam com seus próprios olhos. Isto fará com que esta vida seja virtuosa e assegurará um nascimento de boa posição na próxima.

Como as mulheres têm um controle maior sobre as circunstâncias imediatas, sejam generosas com as suas refeições. Isto lhes assegurará servos amigáveis nesta vida e comida e riquezas abundantes em suas vidas futuras.

Como são credores cármicos do passado, assegurem-se de que seus filhos abracem o Darma. Isto as ajudará nesta vida e os ajudará no futuro.

O Mestre do Lótus continuou: Ouçam agora, senhoras donzelas. A mente desperta de sabedoria não é nem masculina nem feminina. O dharmata do estado desperto autoexistente não tem uma posição elevada ou humilde. O dharmakaya autoexistente não é nem alto nem baixo. A natureza da esfera única está além de crescimento ou diminuição. A mente búdica está além das dimensões. As coisas e a natureza das coisas não são duais.

Assim que realizarem que suas mentes são o buda, o buda não precisa ser procurado em outro lugar. Realizem a natureza de suas mentes e treinem nisto. Venerem o seu guru e os seres preciosos e vivam de acordo com o Darma da melhor forma que lhes for possível. Então, apesar de nascidas como mulheres, vocês serão tanto sábias quanto magnificentes.

As sete mulheres atingiram a realização e se regozijaram com as palavras do mestre. Elas se prostraram diante dele, circularam-no e ofereceram um festim generoso.

Lady Tsogyal, a princesa de Kharchen, por consideração pelas pessoas do futuro, escreveu estas palavras naquela mesma ocasião no Pico do Junípero de Pérolas de Cristal.

SELO, SELO, SELO. [8]

11
A INICIAÇÃO DA MANIFESTAÇÃO DA MENTE PRIMORDIAL

"Explicando a iniciação da manifestação da Mente Primordial" de A Realização Livre de Obstáculos de Samantabadra

A Samantabadra e Vajrasattva,
A Prahevajra e Manjushrimitra,
A Shri Singha e todos os outros mestres,
Aos mestres da linhagem dos três kayas eu presto homenagem.

O grande mestre cujo nome é Nascido do Lótus, cujo corpo é imaculado pelas falhas de um útero, cuja manifestação radiante nasceu de uma flor de lótus automanifesta, é o rei vitorioso dos seres irados, conquistador dos quatro maras, cuja forma corpórea é como um vajra, imutável e indestrutível.

Este rei poderoso, que alcançou a maravilhosa realização suprema, foi invocado pela compaixão dos budas dharmakaya e recebeu a autorização de todos os budas sambhogakaya. Quando todos os budas nirmanakaya se reuniram, ele surgiu como o regente do Buda Shakyamuni no continente de Jambu que se encontra no lado sul do Monte Sumeru. Ele ensinou discípulos nos oito grandes terrenos de cremação, serviu como regente sobre o Trono Vajra na Índia e, pelo poder de votos anteriores, chegou à terra das neves do Tibete fazendo com que os ensinamentos do Buda se disseminassem e florescessem.

Mais adiante, na Caverna de Samye Chimphu, ele conferiu as quatro iniciações de modo completo ao rei Trisong Deutsen e à Lady Tsogyal, a princesa de Kharchen. Foi nesse momento que o rei e a princesa viram sinais maravilhosos e alcançaram o calor da prática, de tal forma que, graças à fé e à devoção, eles fizeram este pedido: Por favor, ouça, grande mestre. Qual é o significado, no início, quando é conferida a iniciação com atributos e objetos, incluindo o vaso, dentro da mandala de pó colorido?

O mestre respondeu: Ouçam agora, rei e Lady de Kharchen. Todos os ensinamentos dos seres verdadeira e completamente despertos são ensinados de três formas: significado direto, intenção indireta e significado definitivo. O significado direto tem o propósito de guiar os seres sencientes de percepção incorreta de forma hábil aos reinos superiores. A intenção indireta se dá quando um bodisatva emprega sua engenhosidade como um método para liberar os seres dos sofrimentos do samsara.

O significado definitivo possui três estágios progressivos. Como a fruição de todos os ensinamentos dos veículos inferiores, a visão do Caminho do Meio livre de foco é estabelecer-se em um estado livre de limitações. O que os seguidores do Sutra chamam de *ausência de conceituação* é o estabelecimento no estado que é livre de alguém que percebe e de algo percebido. Até este ponto não há de fato a concessão de uma iniciação além de um simples sinal ou indicação.

De acordo com todos os tantras do mantra secreto é conferida a iniciação do vaso. Tomar a visão da vacuidade como fruição purifica os obscurecimentos do carma, e receber a iniciação do vaso abre o caminho para a parte interna do mantra secreto, as cinco sabedorias que são indicadas através de palavras. Assim, esta é uma iniciação simbólica.

A iniciação do vaso é a primeira de todas as iniciações. Ela permite a purificação das emoções perturbadoras, abre a porta para os ensinamentos profundos e é quando se recebe a autorização para cultivar a deidade yidam e praticar a *sadhana*. O seu resultado é tornar-se capaz de dominar qualquer coisa pertencente ao receptor e ao seu conteúdo.

Assim ele disse.

Novamente eles perguntaram: Por favor, ouça, grande mestre. Na ocasião da iniciação secreta, por que é necessário treinar na técnica dos canais e ventos?

O mestre disse: Ouçam agora, rei e Tsogyal. No *dharma-*

dhatu de Akanishtha, o dharmakaya e o sambhogakaya e aquilo que chamamos de mandala da experiência da sabedoria não consistem em um corpo material, eles não possuem canais baseados no corpo de sabedoria autoexistente, mas uma esfera de cinco luzes de radiância natural. Eles não possuem ventos cármicos, mas são dotados com os quatro ventos da sabedoria. Sua forma corpórea é imutável; sua fala é incessante; e suas mentes permanecem no estado estável de igualdade. Para eles não é necessária a iniciação secreta, uma vez que meios e sabedoria são não duais.

No nirmanakaya, mesmo ele possuindo uma forma física que é como uma ilusão mágica, o canal de sabedoria possui grande força e o vento da sabedoria é muito forte. Assim, o nirmanakaya não tem as máculas das emoções perturbadoras, ele se transforma em um corpo de sabedoria ao simplesmente ser apresentado à iniciação secreta simbólica.

Nos seres sencientes, que possuem uma forma produzida a partir da ignorância, os canais das emoções perturbadoras possuem grande força, o vento cármico é muito forte e os canais de sabedoria e ventos requerem habilidade para serem encontrados; portanto, é de extrema importância o treinamento dos canais e dos ventos. Com este treinamento, a ignorância se recolhe para um estado latente e os canais das emoções perturbadoras se tornam refinados; e quando os ventos cármicos são purificados, todo o corpo se torna a mandala da sabedoria. Portanto, o treinamento nos canais e nos ventos é muito importante.

Treinar os canais e os ventos em um corpo humano o transforma no corpo de sabedoria.

Nos três reinos inferiores, o canal da sabedoria e o vento da sabedoria são latentes, de modo que não há caminho de liberação. Os corpos da maioria dos animais estão voltados para baixo, eles possuem canais e ventos que os tornam embotados e mudos. Os corpos da maioria dos fantasmas famintos são horizontais, possuem canais e ventos para o desejo intenso. Os corpos da maioria dos seres infernais têm a cabeça para baixo, eles possuem canais e ventos para a agonia. Portanto, os seres nos três reinos inferiores não são vasos adequados para as instruções essenciais.

No corpo humano, um quarto dos canais e ventos pertence ao tipo de sabedoria, assim, perseverem no treinamento dos canais e ventos!

Assim ele disse.

Novamente eles perguntaram: Por favor, ouça, grande mestre. Na ocasião em que a iniciação da sabedoria-conhecimento é transmitida, qual é o significado da promoção dos elementos essenciais puros?

O mestre disse: Ouçam agora, rei e Tsogyal. O significado da sabedoria-conhecimento é de que os ventos cármicos das emoções perturbadoras são purificados pelo treinamento nos ventos e canais, de modo que os ventos se movam equilibradamente dentro dos canais vazios, o que dá origem à experiência de vacuidade. Isto é chamado de conhecimento.

Nesse momento, há vários métodos para promover os elementos essenciais, tais como receber comida nutritiva, vestir roupas leves e quentes, desfrutar o prazer de belos ornamentos, utilizar pedras preciosas auspiciosas, e manter uma companhia muito bonita. Através disto, assim como uma nascente que flui para um vale seco, deveríamos nos esforçar nos métodos que promovem os elementos essenciais puros.

Sem deixá-los se dissipar como a água em um local ruim, deveríamos, em vez disso, guiar os elementos essenciais puros para cima, como deixar a água fluir para preencher um belo lago com o qual podemos irrigar as quatro direções. Isto bloqueará os canais das emoções perturbadoras, suprimindo os ventos cármicos e fortalecendo todos os canais e ventos da sabedoria.

O *bindu* indestrutível da força vital no centro do coração dá base para a mandala da sabedoria. Ao direcionar as essências puras, ele promoverá todas as qualidades positivas de modo que o corpo esteja pleno de cor e de radiância, a voz fala de uma forma que produz alegria e a mente se torna serenamente livre de pensamentos. Nesse momento, se conectarem este estado com as profundas instruções essenciais, o estágio de não retorno surgirá sem esforço. Mesmo que deixem o processo livre, ao deixarem esta vida vocês renascerão no reino dos 33 deuses.

Desta forma, serão capazes de realizar ações e atividades que geram sabedoria através dos bindus. Se o iogue que pratica este caminho da iniciação da sabedoria-conhe-

cimento não possuir a iniciação e a prática, ele não aperfeiçoará as qualidades do caminho e dos níveis.
Assim ele disse.

Novamente eles perguntaram: Por favor, ouça, grande mestre. Por favor, explique em detalhes o significado de apontar a natureza da mente como sendo o dharmakaya ao conferir todas as quatro iniciações de forma completa.

O mestre disse: Ouçam agora, rei e Tsogyal. Em geral, todas as experiências pertencentes ao samsara e ao nirvana são a união de aparência e vacuidade, sendo que a qualidade vazia é predominante. Este mundo todo - acima e abaixo e nas direções cardinais e intermediárias - está dentro da expansão vazia do espaço. Entre eles, a terra, as montanhas e rochas todas perecem e se tornam vazias no final. As fases da lua e a mudança das quatro estações também são sinais de sua vacuidade.

Todos os seres sencientes e as formas de vida nascem e morrem da mesma forma. Comparados aos seres que obtêm um corpo físico, um número muito maior não possui corpo. Além disso, atingir o nirvana significa ser liberado no espaço dharmadhatu da vacuidade. Desta forma, tudo se torna vazio e, assim, tudo o que aparece e existe é o estado de vacuidade. Portanto, não se apeguem e não se fixem à dualidade. Sem se apegarem a qualquer tipo de coisa, permaneçam na continuidade do grande estado que tudo permeia da realização da vacuidade, que não pertence a qualquer tipo de categoria. Repousem no estado que é livre de construções mentais. Estejam certos de que a vacuidade é a essência da maioria dos ensinamentos. Desde o princípio essa é a qualidade especial da visão pretendida. Se falharem na compreensão do significado da vacuidade, acabarão se envolvendo na fixação aos objetos percebidos das seis coleções e continuarão a vagar no samsara. Se conquistarem a certeza a respeito da natureza da vacuidade, vocês interromperão o fluxo do samsara, e a delusão será completamente purificada. Por outro lado, se em vez da verdadeira vacuidade vocês se desviarem para a ideia de vacuidade, ou falharem em compreender o estado de igualdade, e se dissiparem em um estado de indolência, não há desvio mais grave que essa vacuidade errônea. Portanto, confiem em um mestre para o ponto-chave das instruções profundas e perseverem na prática.

Assim ele disse.

Novamente eles perguntaram: Por favor, ouça, grande mestre. Por favor, explique em detalhes o significado de conferir a mais suprema de todas as iniciações - a iniciação da manifestação da mente primordial - assim como os pontos-chave da prática e o significado de alcançar a maestria da mente primordial.

O mestre disse: Ouçam agora, rei e Tsogyal. As quatro iniciações mencionadas acima são recebidas progressivamente. Os caminhos e níveis são trilhados em sucessão e não é possível despertar instantaneamente. Os ensinamentos do caminho gradual são ensinados pelos nirmanakayas para o benefício dos seres sencientes.

A iniciação da manifestação da sabedoria primordial é ensinada pelos budas que são por natureza perfeitos e, enviando suas emanações compassivas do dharmadhatu de Akanishtha, eles a ensinam para o benefício de despertar instantaneamente aqueles seres mais afortunados. Portanto, não é possível alcançar o estado búdico sem ter recebido a iniciação da manifestação da mente primordial.

Todos os budas do passado despertaram após receber a iniciação da manifestação da mente primordial. Todos que atualmente atingem a iluminação também despertam depois de receber a iniciação da manifestação da mente primordial. E cada buda que atingir a iluminação no futuro também despertará depois de ter recebido a iniciação da manifestação da mente primordial. É impossível alcançar a iluminação a não ser que vocês a obtenham.

SAMAYA. SELO, SELO, SELO.

12
SINAIS E NÍVEIS DO PROGRESSO

Extraído de O Grande Corte Único da Liberação Completa de Padmasambava, revelado por Rinchen Lingpa.

Homenagem à abençoada deidade de sabedoria da mente primordial.

Sem estes sinais e níveis de progresso no caminho,
Que certamente aparecem quando resultados forem alcançados
Na liberdade completa e mais profunda da Grande Perfeição,
Você não é diferente de uma pessoa comum e sua prática será desperdiçada.
Como a sua diligência enfraquece quando os sinais da prática não aparecem,
Este texto que as descreve é de enorme importância.

Meu filho, aqui estão os sinais do caminho
Para a pessoa que treina em dharmata.

Quando uma pessoa pratica com perseverança, existem dois tipos de sinais no caminho, indefinidos e definidos, que indicam que o resultado será rapidamente atingido. Os indefinidos são conhecidos como sinais básicos e aparecem pela conexão prévia da pessoa, mesmo sem ter praticado. Como eles não são confiáveis, eu não os descreverei aqui.

Os sinais definidos aparecem por causa da prática, e eles são de dois tipos: temporários e imutáveis. Os sinais temporários podem aparecer de fato ou como humores. O primeiro tipo ocorre ao fazer as preliminares e as práticas de separação, e o seu corpo se sente à beira de um colapso como as paredes de uma casa em ruínas, sua voz se sente esgotada, como se tivesse sido exaurida, ou você tem convulsões como alguém possuído. Estes sinais indicam que você separou samsara e nirvana. Os humores são o desencantamento com o corpo, a fala e a mente samsáricos. Eles indicam ter purificado os obscurecimentos dos três reinos e se separado do samsara. Sua ausência indica não ter alcançado a experiência, assim, repita as práticas.

Os sinais de fato - baseados na fadiga do corpo, fala e mente - se dão através da bem-aventurança de seu corpo; sua fala deseja se expressar; e sua mente experimenta tudo como espaço. Você sente: "Agora nada existe!", assim como compaixão pelos seres que não percebem o mesmo que você; e o entusiasmo pelo Darma também surge. Como humores, você esquece que possui um corpo, não percebe sua respiração e mentalmente não deseja se afastar do estado de ausência de pensamentos, pensando: "É isto!". Estes são os sinais de estar sustentando o tipo nirvânico de estabilidade mental. A ausência deles indica que o treinamento ainda não é bom o bastante, assim, esforce-se e continue.

Todos estes são sinais apenas temporários, eles mudam e não são confiáveis.

Em seguida vêm os sinais da prática principal, os sinais de ter estabelecido rigpa de fato através da visão. Os sinais propriamente ditos são a sensação de desencantamento com corpo, fala e mente de uma forma que seja visível tanto para você quanto para os outros, e também a ausência de interesse pelas atividades desta vida. Sua voz é como a de um mudo. Mentalmente você está cansado dos assuntos samsáricos, sente uma profunda devoção por seu guru e brota uma compaixão por todos os seres até as lágrimas rolarem. Há confiança na consequência das ações e você se esforça em abandonar as ações errôneas e praticar a virtude. Os sinais de humor incluem a leveza do corpo, às vezes até mesmo esquecendo que possui um corpo, não percebendo o movimento da respiração e mentalmente sentindo que tudo é insubstancial e evanescente. Todos estes sinais são mutáveis e não perduram.

Os sinais de valor duradouro são os seguintes. Dentro do espaço amplo da visão, quando a mente primordial é totalmente revelada, sem flutuações e sem projetar a experiência como sendo "outra", este é o sinal de ter ancorado a mente primordial em dharmata. Os sinais do humor de ter compreendido são que, não importa para onde sua atenção se mova, você entende e percebe que isso é sua própria mente, você enxerga que os pensamentos são projetados e retornam como uma automanifestação, e compreende que eles são completamente insubstanciais como o espaço. Estes são os sinais de ter estabelecido, através da visão, as aparências como sendo mente.

Reconhecer isto mesmo durante o sonho é o sinal de ter alcançado o grau mais completo de estabilidade. Se sustentar, em sete anos você despertará para o estado de nirmanakaya com o desaparecimento de seu corpo material. Se não reconhecer durante o sonho, você despertará na morte. Portanto, perseverar na prática é a conduta do tipo mais elevado de pessoa.

Então chegam os sinais da experiência do estado de realização de fato. Em seu corpo, fala e mente, os sinais verdadeiros são de que o seu corpo é leve e enérgico, sua voz é clara e capaz de expressar ensinamentos que você nunca ouviu, e às vezes a sua mente tem algum grau de clarividência. Você enxerga tudo de forma lúcida como arco-íris, às vezes cheios de formas corpóreas e círculos, às vezes tornando-se vazios e sem pontos de referência. À medida que a devoção por seu guru se torna mais profunda e a preocupação com as consequências cármicas se torna mais relaxada, você sente que o seu corpo emite luz, às vezes ele está ausente, sua voz fala sem intenção como um eco, sua mente é clara e bem-aventurada e não projeta coisa alguma; de vez em quando ela se torna vazia e não forma pensamentos. Todas estas ocorrências mudam e não se deve confiar nelas.

Os sinais imutáveis são os seguintes. Não há mais qualquer experiência na qual você se fixe à realidade sólida, tudo é uma exibição luminosa pura. Tudo aparece, mas não há um ponto de referência sólido ou fixação. Ter esta realização é o sinal de ter estabelecido através da experiência no treinamento que a própria mente é vazia. Experimentar isto mesmo durante os sonhos é ter alcançado o grau mais completo de estabilidade. Se sustentar, em três anos o corpo material desaparecerá e você despertará para o estado do corpo de sabedoria intangível do sambhogakaya.

Em seguida, vem o sinal de que esta vacuidade é liberada em si mesma espontaneamente e sem esforços. Em relação a corpo, fala e mente, os sinais de fato são de que não há apego a um corpo, tal como não ter medo da água. Além do mais, sinais de excelência anteriormente não vistos podem ser testemunhados tanto por você como pelos outros.[41] Sua voz pode expressar ensinamentos do Darma benéficos simplesmente direcionando sua vontade para os outros. Em sua mente surge uma clarividência imaculada.

Os sinais como humores da meditação são de que você nem se lembra nem pensa na fixação ao seu corpo,

---

41 As marcas de excelência se referem às 32 marcas maiores e 80 menores de excelência que embelezam o corpo de um supremo buda nirmanakaya.

fala e mente; tudo que experimenta é espaçoso e não é tomado como real; e a sensação de que pode se mover livremente através de pedra, montanhas etc.

Os sinais imutáveis são os seguintes. Não importa o que experimente, não há qualquer foco conceitual nem qualquer tentativa de aceitação ou rejeição. Em vez disso, tudo é liberado sem ser assumido como real, de modo que seja dia ou noite e sem a necessidade de se lembrar disto, as aparências e a vacuidade são naturalmente liberadas na não dualidade. Esse é o sinal de ter estabelecido a autoliberação através da conduta espontânea.

Quando a delusão dos sonhos acaba, você alcançou o grau mais completo de estabilidade. Se sustentá-lo, em um ano o corpo material desaparecerá e você despertará para o estado de dharmakaya sem resíduos.

Então, o sinal de que esta autoliberação é levada à consumação, a fruição da presença espontânea, aparece apenas na percepção dos outros, enquanto que na sua percepção pessoal todos os tipos de sinais e indicações de progresso no caminho cessaram. Este estado, conhecido como *a visão da exaustão em dharmata*, significa que a força motora das aparências cessou, enquanto a qualidade imóvel da vacuidade não está mais presente. Assim, a natureza não dual de aparência e vacuidade nem flutua nem se altera de qualquer forma. Há uma qualidade naturalmente desperta que transcende encontro e separação - uma presença não fabricada, uma ausência sem qualquer dissolução - que é um estado completamente desnudo de vacuidade lúcida livre de fixações. Na percepção dos outros, visto que uma sabedoria desobstruída - estado desperto original como uma capacidade que tudo permeia - também está presente, há uma manifestação sem esforços de corpos da forma (*rupakayas*) para o benefício dos seres. Consequentemente, como a natureza básica das coisas tudo permeia, a não ser que os sinais do caminho do estado desperto autoexistente tenham alcançado seu grau mais completo, não há compreensão do momento em que a fruição naturalmente presente se instale, e a prática se torna presunçosa e preguiçosa. Portanto, este manual de sinais e níveis de progresso é de extrema importância.

Sem isto, o seu apego à vacuidade não é diferente daquele dos veículos gerais.
Com isto, a fruição será rapidamente alcançada para satisfazer os seus objetivos e dos outros.
Através das bênçãos de Vajrasattva, isto surgiu no coração de Prahevajra.
Ele aceitou Shri Singha, que então o confiou a mim, Padmasambava.
Que ele possa encontrar uma pessoa valorosa de destino cármico.
Oculte-o de uma pessoa sem valor com visões errôneas.
Quando um receptor adequado aparecer,

conceda a linhagem absoluta.
A linhagem da escritura possui o selo de
rigor.

Ema, este ensinamento espantoso, subli-
me,
A quintessência dos termas da mente,
ocultado na barriga de Ludü,
Foi confiado aos cuidados de Gönpo Nag-
po, Palchen, das dakinis,
E dos irados dharmapalas, guardiões dos
ensinamentos e senhores dos tesouros.
Protejam-no, certifiquem-se de proteger
estes ensinamentos!

SAMAYA. ៖   SELO, SELO, SELO. ៖
SARVA MANGALAM. ៖

13
CONSELHO PARA ALCANÇAR A ILUMINAÇÃO NO MOMENTO DA MORTE

Mais uma vez, nesta mesma ocasião, o rei se prostrou e circum-ambulou Padmasambava. Então, ele pediu ao mestre: Grande mestre, eu sou um rei de pouca fé, mas de grande riqueza e fama, e [estou cercado por ministros que se] opõem e são hostis ao Darma. Eu não sou uma boa pessoa, pelo contrário, sou maldoso, gosto de diversões e prazeres e não sou nem um pouco espiritual. Eu me interesso apenas pelas coisas desta vida e nem mesmo temo a perspectiva de ir para os reinos inferiores na próxima vida. Por favor, tenha piedade de mim! Eu lhe imploro que me conceda uma instrução para alcançar a iluminação no momento da morte.

Depois de dizer isto, ele curvou sua cabeça com grande devoção e chorou. O mestre o observou e, extraindo seu conselho mais essencial, concedeu o seguinte: *Emaho!* É extremamente maravilhoso que você possua fé sentida no fundo de seu coração. Vossa Majestade, não tenha medo do momento da morte. Eu possuo uma instrução para o caminho curto do mantra secreto, através da qual mesmo um grande pecador pode atingir a iluminação antes dos outros. Esta é uma instrução para evitar o bardo, assim, ouça agora, Vossa Majestade.

Primeiro, nós entramos no útero devido à incidência de nossa ignorância e pelo poder do carma. Em seguida, permanecemos por um curto período nesta terra. No final, morreremos e este corpo será deitado no solo enquanto a mente viaja pela força do carma. A mente assumirá outro corpo entre as seis classes de seres, e assim continuará a vagar no samsara.

Mesmo se tivermos êxito em viver uma vida plena de cem anos, passamos metade dela dormindo à noite como um cadáver. Enquanto sonhamos passamos por uma profusão de alegrias e tristezas. Assim, no melhor caso, nossas horas despertos não constituem mais do que 50 anos.

Antes de termos nascido de nossas mães, a morte era nossa posse natural. Porém, mesmo assim, as pessoas não recordam suas mortes e se engajam em várias ações de paixão e agressão como se fossem imortais.

A morte não chega em um momento anunciado, quando ela se abaterá não é certo. Existem muitas formas de morrer, assim, chegará o dia em que a morte será inevitável.

Ouça agora, Vossa Majestade. Existem três formas de morrer: superior, intermediária e inferior.

- Morrer como um rei é quando alguém como você morre ainda apegado ao seu domínio e posses; esta é a forma inferior de morte. No momento da morte, esteja livre de apegos.
- Morrer como um mendigo é morrer sem o menor apego a objetos e utensílios. Esta é a forma intermediária de morte.
- Também há a forma de morrer como um cervo das montanhas. Morrer em isolamento, totalmente livre mesmo da noção de apego ou fixação, é a forma mais elevada de morte.

Ouça agora, Vossa Majestade. No momento da morte há três formas de atingir a iluminação.

- A pessoa de capacidade inferior reuniu as acumulações [de mérito e de sabedoria] e atinge a iluminação na próxima vida.
- A pessoa de capacidade mediana se familiarizou com o treinamento e atinge a iluminação no bardo.
- A pessoa de capacidade mais elevada conquistou a realização e desperta para a iluminação sem passar pelo bardo.

Esta instrução específica é para atingir a iluminação sem passar pelo bardo, é o caminho curto do mantra secreto. Eu lhe ensinarei esta instrução raiz em três pontos:

- Determine que a raiz da identidade de todos os objetos externos percebidos é a identidade do espaço. Assim, você esvazia os seis mundos externos e está livre da raiz de um local de nascimento entre as seis classes de seres.
- Determine a raiz da identidade daquele que percebe internamente como sendo a identidade da mente vazia e cognoscitiva. Assim, você esvazia as portas do útero dos conteúdos internos dos seres e está livre da raiz de qualquer tipo de renascimento.
- Determine a raiz dos fenômenos compreendendo que a ignorância nunca teve nascimento. Assim, você estará livre da raiz de bondade ou maldade.

Esta foi a instrução em três pontos.

O rei perguntou: Grande mestre, como eu determino a raiz dos objetos percebidos externamente como sendo a identidade do espaço? Como eu me liberto da raiz de um local de nascimento entre as seis classes no mundo externo que é como um receptáculo?

O mestre respondeu: Vossa Majestade, ouça agora. A que "objetos percebidos externamente" se refere? As aparências do momento incluem dez milhões de vezes um bilhão de mundos com Monte Sumeru e quatro continentes. Em nossa experiência eles são vistos como terra e pedras, montanhas e rochas, árvores, plantas e florestas. Eles pertencem às percepções errôneas dos seres sem realização. A *Escritura da Corporificação da Realização* menciona:

Mesmo a identidade única de uma coisa
Pode ser vista de seis formas errôneas e uma
verdadeira.
As errôneas são de dois tipos.

Tome por exemplo a água: os deuses a veem como néctar, os semideuses como uma arma, os humanos como água, os animais como bebida, os fantasmas famintos como pus putrefato e sangue, e os seres dos infernos como cobre líquido fervente. Na realidade ela não é nenhuma destas, assim, há seis visões errôneas.

Duas perspectivas devem ser vistas como errôneas. Os extremistas eternalistas afirmam que causa e efeito são ambos permanentes, de modo que um homem que morre renasce como um homem, um cavalo novamente como um cavalo, e assim por diante. Os extremistas niilistas alegam que o corpo é assimilado pelos quatro elementos e que a mente é assimilada pelo espaço, que os eventos do momento são inconsequentes e que não há renascimento após a morte. Ambas são concepções errôneas.

Qual é, então, o estado real? Todos os fenômenos não são absolutamente nada e são totalmente livres de qualquer coisa a ser sustentada pela mente. Em relação a estas aparências do momento, como pedras e rochas, montanhas e florestas, árvores e plantas, e assim por diante, não guarde a crença de que elas são qualquer coisa de qualquer tipo, e não afirme que são qualquer coisa. Não negue o que aparece e não afirme que aquilo é ou não é. Sua aparência é uma aparência natural, e sua vacuidade é uma vacuidade natural. Como a identidade do espaço, permita que sua identidade seja naturalmente vazia, e permita que sua aparência esteja livre de uma natureza própria.

Ao não apreender a aparência destes objetos, você não dá nascimento à fixação ou ao apego, você corta através da raiz do mundo externo que é como um receptáculo. Estando livre do renascimento nas seis classes de seres, você terá esvaziado as seis causas. E por que é assim? É porque a experiência das seis classes de seres é uma delusão. Estando livre desta delusão, a aparência de seus objetos não poderá ser vista em lugar algum.

O rei perguntou: O que se quer dizer com determinar a raiz da mente que percebe internamente como sendo a identidade da capacidade cognitiva vazia?

O mestre respondeu: Vossa Majestade, ouça agora. Determinar que a raiz da mente interna que percebe é uma capacidade cognitiva vazia e esvaziar a porta do útero para a mente interna é conhecido como estar livre da raiz do renascimento.

O que se quer dizer com "mente interna que percebe?" Ela inclui [a mente interna], pais e companheiros, irmãos e filhos, inimigos e amigos. Então, o que é aquele que percebe de fato? Ele é a mente dotada com emoções. Ao determinar o que ele é, não se pode provar que esta mente é qualquer tipo de coisa, e nem ela é uma nulidade completa.

Quando não há a realização, esta mente que tudo faz lhe traz desastres. Quando esta mente - o pensador de pensamentos tumultuados - é realizada e determinada, ela é uma capacidade cognitiva sem limites. Isto é conhecido como realizar a essência da mente. O fato de que não se pode provar que ela é qualquer coisa de qualquer tipo é conhecido como dharmadhatu, o espaço básico de todas as coisas. Apesar de cognoscitiva, ela é uma capacidade cognitiva que não possui limites. Apesar de ter percepção, ela é uma vacuidade que não pode ser determinada como qualquer tipo de coisa.

Quando você não apreender os objetos percebidos como pai ou mãe, terá exaurido a fixação (como causa) e o apego (como condição). Assim, não terá medo de renascer entre as portas do útero das seis classes de seres.

O rei perguntou: É necessário compreender a ausência de nascimento da ignorância. O que se quer dizer com *ausência de nascimento*?
O mestre respondeu: Saber que não se pode provar que a essência da mente possui qualquer tipo de identidade e é totalmente livre de atributos construídos é chamado

de *sabedoria surgindo como conhecimento*. Isto também é chamado de *reconhecer a si mesmo por si mesmo,* ou de *realizar a verdade da ausência de nascimento*. Na verdade, é alcançar a determinação a respeito de sua verdadeira essência. Assim, você estará livre dos fenômenos cármicos bons ou maus. Não importa quanta bondade tenha gerado, você estará livre de esperanças pelo resultado do estado búdico; e não importa quanta maldade tenha cometido, você estará livre do medo dos reinos inferiores e dos infernos. Nessa [realização] não há nem carma nem o amadurecimento do carma.

Isto não é uma fantasia, uma crença ou uma fabricação; isto é afirmado em todas as nobres proclamações, como na *Prajnaparamita Extensa*: "Nessa natureza vazia de todos os fenômenos não há nem carma nem o amadurecimento do carma." Além disso, *Os Cento e Cinquenta Modos* afirmam:

Assim como a brilhante flor de lótus vermelha
É imaculada por qualquer impureza,
A natureza vazia de todas as coisas
Permanece imaculada pelos defeitos do carma.

A Grande Expansão menciona:

Se está sujeita ao carma,
Não é a sabedoria autoexistente.

A Mansão Vajra Meru afirma:

A identidade é vazia de identidade. O outro é vazio de outro. "Ambos" é vazio de ambos. "Nenhum" também é vazio de nenhum. "Nenhum" é vazio da ausência de limites. Isto é assim porque eles são enganosos e mentalmente fabricados.

O *Sutra Requisitado por Oceano de Sabedoria* afirma:

Estes sutras Mahayana são diferentes dos caminhos do mundo. E por que é assim? Porque todos os seres sencientes não possuem uma duração contínua.

Sendo assim, ao reconhecer que tudo é a delusão de sua mente, você terá determinado a natureza das coisas e estará livre da raiz da bondade ou da maldade.

O rei perguntou: Grande mestre, como eu desperto para a iluminação no momento da morte sem ter que passar pelo bardo?
O mestre respondeu: Vossa Majestade, ouça agora. O iogue de capacidade mental mais elevada não apreende objetos percebidos externamente; portanto, ele atravessa os conceitos errôneos sobre as aparências e, permitindo que as aparências se dissolvam em si mesmas, ele não experiencia objetos percebidos no bardo. Assim, um mundo externo como um receptáculo não surge.

Como a mente interna que percebe não possui qualquer identidade que possa ser provada de qualquer forma, o samsara se dissolve em si mesmo. Não tendo um corpo mental no bardo, as portas do útero para as seis classes de seres são esvaziadas. Estando livre das causas do renascimento, dharmata se dissolve em si mesmo.

Quando este iogue deixa o corpo, ele encontra o espaço da mente primordial. Para ele, a força propulsora das ações positivas ou negativas foi exaurida.

O rei perguntou: Grande mestre, como a fruição dos três kayas se manifesta para tal iogue?

O mestre respondeu: Uma vez que a base de dharmata se encontra além do domínio das palavras e descrições, a continuidade como o espaço que não é coisa alguma é chamada de fruição do dharmakaya. A partir desta continuidade como o espaço que é o dharmakaya, os sambhogakayas similares a nuvens aparecem adornados com as marcas maiores e menores dentro da experiência dos bodisatvas dos dez níveis. Como a chuva, os nirmanakayas beneficiam quem quer que necessite de inspiração da forma que for necessária através de ilimitadas emanações. O *Tantra da Essência Oculta* menciona isto:

> Dentro da continuidade do céu vazio
> Eles assumem formas, como as nuvens de chuva.
> Derramando-se como a chuva,
> Eles nutrem os vegetais e florestas.
> Da mesma forma, partindo do inconcebível dharmakaya,
> O domínio realizado pelas três yogas,

Aparecem os sambhogakayas,
O domínio dos bodisatvas do veículo superior.
A partir dali surgem os nirmanakayas,
O domínio dos seres afortunados.

Esta é a forma pela qual a fruição dos três kayas se manifesta.

O mestre concluiu com esta instrução para o rei: Vossa Majestade, entenda isto. Não há tempo para desperdiçar! Treine na experiência desta natureza profunda de dharmata! Mesmo que você compreenda o significado profundo, não deixe de realizar ações condicionadas virtuosas. Em qualquer coisa que faça, aplique o selo de não sustentar qualquer conceito.

Se revelar este ensinamento para outras pessoas, ele se tornará base para mal-entendidos, assim, não o propague, mas oculte-o como um terma. No final desta era, rei, você o encontrará novamente.

Assim, Padmasambava selou este ensinamento com seu comando verbal. O rei ficou encantado, e naquele momento, sua consciência foi liberada em seu estado natural. Ele foi tomado por gratidão pelo mestre.

Este foi o caminho curto do mantra secreto, a instrução para um grande pecador despertar para a iluminação antes dos outros.

14
Os cinco bardos

NAMO GHURU

O grande mestre conhecido como Nascido do Lótus não nasceu de um útero, mas brotou de uma flor de lótus. Livre dos terrores da morte e da transmigração, ele havia cortado o fluxo de nascimento e morte. Sua realização era igual à do glorioso Samantabadra.

Foi este mestre que Lady Tsogyal, a princesa de Kharchen, seguiu e serviu como atendente. Certa vez, enquanto se encontravam no Pico do Junípero de Pérolas de Cristal, ela perguntou ao mestre: Grande mestre, os seres sencientes são apanhados pelos quatro grandes rios de nascimento, velhice, doença e morte por falharem em cruzar os estados do bardo. **Quantos tipos de estados do bardo existem?**

O mestre deu esta instrução: Tsogyal, os seres sencientes dos três reinos do samsara não atravessaram os estados do bardo, portanto, eles renascem e giram pelos três reinos.

Durante os cinco tipos de estados do bardo você deveria:

Reconhecer a esfera absoluta durante o bardo desta vida, como uma criança perdida reencontrando sua mãe.

Esclarecer o que não estiver claro ao reconhecer sua natureza durante o bardo do samadhi, como uma garota vaidosa olhando para um espelho.

Conectar as tendências habituais [com o samadhi] durante o bardo do sonho, como o fluxo de um rio.

Continuar a experiência durante o bardo do nascimento e morte, como reconectar um cano de água quebrado.

Conectar com o carma residual durante o bardo do vir a ser, como acender uma lâmpada em um quarto escuro.

A não ser que atravesse estes cinco bardos, você não terá chance de cortar a raiz do samsara.

Lady Tsogyal perguntou ao mestre: Durante o bardo desta vida, como é alcançada a certeza no reconhecimento da esfera absoluta, que é como uma criança perdida que se reencontra com sua mãe?

O mestre respondeu: Reconhecer a esfera absoluta durante o bardo desta vida é como uma criança perdida que encontra sua própria mãe e a reconhece como sendo sua mãe. Da mesma forma, reconheça sua própria natureza como sendo o dharmakaya.

Existem três métodos para alcançar esta certeza:

Primeiro, estabeleça que o dharmakaya é o estado natural através da essência vazia imutável.

Segundo, estabeleça o estado desperto como o estado manifesto através da experiência pessoal não tendenciosa. Terceiro, estabeleça o estado desperto original como a não dualidade dos dois através da grande bem-aventurança da não ação.

O primeiro, [como estabelecer o dharmakaya como o estado natural através da essência vazia imutável] possui sete qualidades. Inicialmente, ele não é produzido por causas. Em seguida, ele não perece devido a condições, mas é autoexistente. Não sendo criado por outros, ele é insubstancial. Não sendo uma ocorrência temporal, ele está além de permanência e nulidade.

O [segundo], o estado desperto como estado manifesto, possui dois aspectos: as manifestações externas da delusão e as manifestações internas do estado desperto. Como surgem as manifestações externas da delusão? A partir do estado autoconhecedor da mente desperta - o estado natural não fabricado que é como o céu - aparecem as nuvens do desejo intenso e da fixação devido à ignorância. Com base nesta incidência, entramos no útero e encarnamos em um corpo de agregados, e os cinco elementos aparecem, e deles surgem as cinco emoções venenosas. A partir desses cinco venenos, se manifestam os cinco tipos de doença que nos levam à morte. Ao morrer, circulamos através das seis classes de seres.

Como as manifestações internas do estado desperto aparecem? Elas aparecem como autoliberadas, não sustentadas pela mente, insubstanciais e livres da fixação; assim, a ignorância se revela como mente primordial, os cinco venenos surgem como as cinco sabedorias e os cinco elementos estão em equilíbrio. Ao atravessar as concepções errôneas sobre os cinco objetos sensoriais, impedimos a fixação aos cinco bardos, reconhecemos que doença e sofrimento foram pacificados, transformamos as cinco forças negativas em auxiliares, bloqueamos os portões do inferno e cruzamos pelo abismo das seis classes de seres, todos ao mesmo tempo.

O terceiro ponto é estabelecer o estado desperto original como não dualidade através da grande bem-aventurança da não ação. Você pode se perguntar se budas e seres sencientes, nirvana e samsara, aparências e vacuidade, se separaram ou não. Budas e seres sencientes não apresentam dualidade temporal de antes e depois. Samsara e nirvana não apresentam dualidade de identidade em relação a bem e mal. Aparências e vacuidade não apresentam dualidade por natureza, uma vez que são indivisíveis. Portanto, eles são a grande bem-aventurança da não ação.

Neste ponto é importante se liberar a partir da instrução essencial das quatro liberações da fixação:

A experiência pessoal não tendenciosa nos libera da fixação ao criticar o extremo da vacuidade.

A essência vazia imutável nos libera da fixação à permanência do eternalismo.

Sua união indivisível nos libera da fixação ao alternar entre verdade e falsidade.

Sua base imparcial nos libera da fixação de subitamente cair numa posição tendenciosa.

Esta é a instrução para praticar os seis passos do reconhecimento:

Reconheça que as aparências são mente.
Reconheça que a mente é vazia.
Reconheça que aparência e vacuidade estão além da dualidade.
Reconheça que esta não dualidade é a grande bem-aventurança.
Reconheça que a grande bem-aventurança é a ausência de pensamentos.
Reconheça que a ausência de pensamentos é o dharmakaya.

Agora, esta é a instrução para encontrar a mãe de dharmata através dos seis selos:

Dê às aparências o selo da vacuidade.
Sele a vacuidade com as aparências.
Sele ambas com a não dualidade de aparência e vacuidade.
Sele esta não dualidade com grande bem-aventurança.
Sele a grande bem-aventurança com a ausência de pensamentos.

Dê à ausência de pensamentos o selo do imutável dharmata.

E aqui está como alcançar a determinação através da instrução das cinco conclusões:

Conclua que o dharmakaya está primordialmente presente em você mesma e, portanto, não é algo a ser buscado ou realizado.
Conclua que prazer e dor são o dharmakaya e, portanto, não são algo a rejeitar ou aceitar.
Conclua que o dharmakaya nem nasce nem cessa e está, portanto, além de causa e efeito.
Conclua que ele está além de pontos de referência como "é" e "não é", portanto, não está sujeito ao exagero ou à diminuição.
Conclua que ele é não criado e continuamente presente, desse modo, não é algo a ser produzido pelo pensamento.

As qualidades da realização da visão são as seguintes:

Você retoma a morada natural da sabedoria e encontra sua mãe dharmata.

Suas concepções naturalmente se dissolvem ao reconhecer a bem-aventurança da ação que possui insight.

Você alcança a natural perfeição da sabedoria.

Sua visão é livre de limitações.

Ao retomar a morada natural da sabedoria, não importa quantos ensinamentos ouça, você compreende que não há um avanço adicional além da [união de] aparência e vacuidade. Ao reconhecer e compreender que isto não é nada além de você mesma, você chega à conclusão de que isto não é nada além de sua própria experiência. Ao reconhecer aquilo que é como sendo o que é, você encontra sua mãe dharmata.

Enquanto os objetos aparecem como formas visuais para os seus olhos, no momento em que você os experiencia livre de fixações, mesmo sendo vistos, suas concepções naturalmente se dissolvem. No instante em que experienciar as coisas desta forma, o estado desperto original, dharmata e bem-aventurança são todos encontrados internamente; e você compreende a *bem-aventurança da ação realizada*.

Esta instrução da visão da grande confiança é também conhecida como a visão dos filhos imutáveis dos vitoriosos; como a base para a delusão que identifica demônios e ladrões; como a instrução para verificar o princípio e o fim de samsara; e como a instrução para reconhecer a natureza de sua mente como sendo dharmata.

Todas estas instruções da visão são como o exemplo do filho único de uma mãe que se perde e vagueia por aí. Depois da morte do pai da criança, a mãe vai para outro marido. Mais tarde, quando a criança reencontra sua mãe, a mãe reconhece o filho e o filho reconhece a mãe. Da mesma forma, no momento da realização da natureza de dharmata, você reconhece que tanto os budas quanto

os seres sencientes, tanto samsara quanto nirvana, tanto aparências quanto vacuidade, são indivisíveis desde o princípio como a esfera única de dharmata. Determinar isto de forma definitiva durante o bardo desta vida é a instrução para o reconhecimento da esfera absoluta e a instrução para a criança perdida reencontrar sua mãe.
Assim ele disse.

Lady Tsogyal perguntou ao mestre: Durante o bardo do samadhi, como é possível esclarecer a mente que não está clara?

O mestre respondeu: Para esclarecer a mente que não está clara, como uma garota vaidosa olhando para um espelho, há a instrução de meditação. Por exemplo, assim como uma garota vaidosa inspeciona o espelho pela manhã, ao meio dia e à noite, o iogue deveria olhar para sua mente e treinar durante os três tempos.

Para isto há dois pontos: como posicionar o seu corpo e a sua atenção.

Primeiro, ao realizar uma sessão de treinamento, mantenha o seu corpo ereto na vertical. Assuma a postura da equanimidade. Incline sua cabeça para frente levemente. Desça o seu olhar para o ângulo da ponta do nariz. Toque o seu palato com a língua. Cubra os joelhos com as mãos. Durante as atividades diárias combine as [seguintes instruções] com os atos de caminhar, mover-se, deitar e sentar-se.

Segundo, a forma de posicionar a sua mente é o grande posicionamento além de algo a ser posicionado. Na continuidade da realização da visão deixe os seus sentidos livres de restrições.[42] Deixe o corpo e a mente sem artifícios, reconheça sem fixações. Reconheça o dharmakaya, mas permaneça sem sustentá-lo como sendo o dharmakaya. Treine no estado livre de erros. Treine por um longo tempo. Treine ininterruptamente. Treine com alegria.

"Estar livre de erros" significa, na continuidade da realização da visão, treinar no reconhecimento daquilo que é sem dar origem à sua sustentação como sendo algo. Se acontecer desta forma, este é o estado de igualdade sem oscilações.

Aceitar aquilo que é significa reconhecer que há bem-aventurança, estado desperto, consciência livre de pensamentos, e a exibição do estado desperto, enquanto não há sustentação de haver bem-aventurança, estado desperto, consciência livre de pensamentos e a exibição do estado desperto. Assim, livre de fixações, a mente primordial, que não sustenta qualquer coisa como existente, naturalmente desponta.

Há seis inimigos[43] para este tipo de treinamento de meditação: embotamento e agitação, [os quatro tipos de desvios], e permanência e nulidade. Se o embotamento ocorrer, abster-se completamente de sustentá-lo na mente é conhecido como a instrução para [dissolver] o embo-

---

42 "Na continuidade da realização da visão" também pode ser estruturado como "enquanto a visão é uma realidade."

43 Parece que há uma discrepância no tibetano aqui, pois são citados seis, mas na verdade oito são listados.

tamento e a letargia no dharmakaya. Se isto não acontecer, continue a treinar elevando sua energia.

A agitação inclui o próprio medo de estar agitado, o pensamento "Eu devo controlar esta agitação", "Eu devo permanecer sem perturbações", e assim por diante. Reconhecer que a agitação é a sua própria mente, é conhecido como selar a agitação dentro de dharmata.

Deixar de ver algo que está agitado - algo que deve ser parado, mantido ou purificado - e reconhecê-lo como você mesmo é conhecido como trazer os pensamentos para dharmata. Esta é a forma para superar os pensamentos.

Se não puder fazer isto, aqui está a instrução para concentrar o estado disperso: simplesmente treine em posicionar sua mente na continuidade de sua essência não elaborada.

Além disso, durante o treinamento acontecerão quatro tipos de desvios:

Desviar-se para concepções amortecidas significa que sua mente se desvia para um estado de esquecimento.

Desviar-se para a shamata da ausência mental significa que sua mente se torna estagnada e você fica inconsciente da natureza de dharmata.

Desviar-se para um estado mental observador significa que você deseja manter um estado de ausência de pensamentos.

Desviar-se para conceitos irritantes significa que sua mente permanece preocupada e recolhida.

Estas são as quatro formas de desvios. Para eliminar as

suas falhas, não dirija sua mente para qualquer uma destas formas de desvio.

Sua essência não é permanente, uma vez que ela está selada pela vacuidade. Ela não é uma nulidade niilista, visto que é desperta e ilimitada. Ela não é algo que se torna iluminado, já que permanece como o próprio dharmakaya. Não há medo de [continuar] no samsara, visto que o samsara é liberado no dharmakaya. Uma vez que os pensamentos sejam utilizados como estado desperto e o sofrimento desponte como sabedoria, não há qualquer coisa a ser purificada.

Quando você sabe praticar desta forma, estará livre de erros. Treine prolongando isto. Sem interrupções, treine deliciando-se. Quando tiver treinado desta forma, as suas tendências anteriores à fixação diminuirão. Pelo poder deste treinamento, clareza, bem-aventurança e a sensação de não ter corpo ocorrerão.

Sem este treinamento você não atravessará o pensamento deludido momentâneo, e não interromperá suas tendências anteriores à fixação. Portanto, treine completamente em nunca separar a sua mente de dharmata, como uma grande bandeira não agitada pelo vento.

Além disso, assim como uma garota vaidosa olha para o espelho para ver se há qualquer mancha em seu rosto, sempre treine, através do samadhi, inspecionando se há qualquer falha do embotamento ou da agitação em sua visão e conduta. Esta foi a instrução para o treinamento no bardo do samadhi.

Assim ele disse.

Lady Tsogyal perguntou ao mestre: Durante o bardo do sonho, como são conectadas as tendências habituais [com o samadhi], como o fluxo de um rio?

O mestre respondeu: Esta é a instrução para a conduta. Como o exemplo de um rio incessante, ela é a instrução para unificar o seu estado atual de samadhi com a mente no momento do sonho.

Para isto, há três pontos:

A unificação a partir da instrução,
A unificação a partir de atividades,
A unificação a partir dos elementos.

Primeiro, para unificar a partir da instrução, treine na experiência do sono como bem-aventurança e vacuidade indivisíveis. Isto também possui três pontos:

Foque a consciência recolhendo-a.[44]
Foque o corpo inclinando os quatro membros.

Foque ambos durante a multidão de tendências habituais, nunca separando a confusão dos sonhos da experiência de vacuidade bem-aventurada. Quando não estiver envolvida com tendências habituais, nunca separe a experiência do sono da experiência do treinamento de meditação.

Quando isto acontecer, você terá alcançado a maestria deste bardo.

---

44 Normalmente o conselho é de combinar com o foco para dentro de um dos chakras.

Para unificar a partir dos elementos, quando ocorre a primeira aproximação do sono isto é a dissolução da terra na água. Quando a consciência começa a mergulhar, isto é a água se dissolvendo no fogo. Durante esse período, treine na vacuidade bem-aventurada.

Quando a consciência se tornar nebulosa, isto é o fogo se dissolvendo no ar. Nesse momento, treine também na bem-aventurança indivisível da vacuidade.

Quando o sono tiver se instalado completamente, o ar se dissolveu na consciência. Nesse momento, treine no estado indivisível de bem-aventurança e vacuidade.

Quando houver uma tranquilidade sem sonhos, isto é a dissolução da consciência no estado desperto lúcido. Esse é o momento em que você permanece como uma serena vacuidade bem-aventurada, como o estado não originado livre de pensamentos. Quando isto acontecer, você terá maestria sobre este bardo.

Para unificar a partir das atividades, foque intensamente a intenção "Irei reconhecer os sonhos como sonhos!" E também, ao praticar durante o dia, mantenha a noção de que tudo é como um sonho. Aceite que todos os fenômenos são sonhos e que todo prazer e dor são delusões. Traga à mente a experiência meditativa anterior.

Então, quando o seu treinamento tiver se desenvolvido a ponto de não haver diferença entre os sonhos e o estado desperto, como o sonhar é similar ao bardo, você será capaz de atravessar os estados do bardo por ter treinado no significado acima.

Além do mais, assim como o fluxo de um rio é ininterrupto, continue o treinamento sem pausas durante o dia, nos sonhos e em todos os momentos. Estas foram as instruções para a conduta durante o bardo do sonho. Assim ele disse.

✸

Lady Tsogyal perguntou ao mestre: Durante o bardo do nascimento e da morte, como alguém continua o seu carma remanescente como se estivesse reconectando um cano de água quebrado?

O mestre respondeu: A instrução para dar continuidade ao próprio carma remanescente durante o bardo do nascimento e morte, que é como reconectar um cano de água quebrado, possui duas partes: ser lembrado por outro acontecimento e lembrar-se por si mesmo por causa da realização.

O primeiro se dá quando seu mestre ou os amigos do Darma o fazem recordar o seguinte:

A essência da mente não nasce nem morre, ela é a sua própria mente. Quando a terra se dissolve, seu corpo não dá conta de si mesmo e se sente pesado. Quando a terra se dissolve na água, suas exalações são prolongadas e as inalações recolhidas. Quando a água se dissolve no fogo, sua boca e nariz secam. Suas exalações e inalações são ambas breves. Quando o fogo se dissolve no ar, a sua consciência se torna obscura. Quando o ar se dissolve na consciência, sua respiração cessa. Esse é o momento em que você deveria se lembrar de sustentar a atenção. Assim, concentre corpo e mente para não ser levado pelas circunstâncias.

A morte é o seu próprio pensamento. Apesar de você se separar do corpo de carne e sangue, a mente não é algo da qual você possa se separar. Lembre-se do significado de sua visão e treinamento de meditação anteriores.

Esse é o momento em que, assim como reconectar um cano de água quebrado, depois que o momento anterior tiver passado, o poder de seu treinamento o reconectará com o momento seguinte.

Esta foi a instrução para a experiência de continuar a familiarização com a prática durante o bardo do nascimento e morte.

Assim ele disse.

Lady Tsogyal perguntou ao mestre: Durante o bardo do vir a ser, qual é a instrução para conectar com o carma residual que é como acender uma lâmpada em um quarto escuro?

O mestre respondeu: Para isto, se você é alguém que treinou com alguma deidade do mantra secreto, você surgirá na forma da deidade durante o bardo e com isto atingirá o nível de um detentor da sabedoria Mahamudra. Se você for alguém que treinou na natureza livre de erros de dharmata, você reconhecerá o estado livre de pensamentos como sendo o dharmakaya e, com isso, atingirá o dharmakaya para si mesma e para os outros, manifestando-se como sambhogakaya e nirmanakaya para beneficiar os seres.

Além do mais, o bardo do vir a ser é similar ao sonho depois de cair no sono; quando sua respiração cessar, a sua consciência imediatamente chegará ao bardo. Nesse caso, sem alterar o estado do bardo, suas tendências anteriores a farão pensar que possui um corpo, de tal forma que - a não ser que alcance a realização definitiva - você cairá no abismo das seis classes de seres.

Se interromper o bardo, seja trazendo uma deidade ou dharmata à mente através do poder de seu treinamento, você bloqueará as cidades das seis classes de seres. Como não possui sentidos de carne e sangue, você se tornará o que surgir à mente e, assim, romperá com o samsara.

Como o exemplo de acender uma lâmpada em um quarto escuro, quando a mente do iogue se separar de seu corpo, ele não permanecerá na forma corpórea da vida anterior, mas no exato momento em que sua mente se separar do corpo, ele atingirá o dharmakaya, o que é conhecido como *despertando para o estado búdico no bardo*.

Além do mais, os seis poderes superiores surgem; as cinco emoções perturbadoras são abandonadas e despontam como as cinco sabedorias; as 84 mil portas do Darma são manifestadas simultaneamente; e você agirá para o bem-estar dos seres através do sambhogakaya e nirmanakaya. Assim como acender uma lâmpada em um quarto escuro, você despertará para o estado búdico em uma única vida, o que é conhecido como *a fruição espontaneamente aperfeiçoada*.

Estas foram as instruções para os cinco bardos oferecidas pelo mestre Padmasambava a Lady Tsogyal. Que elas possam encontrar aquele que é predestinado e possui a conexão cármica!

Isto foi escrito no Pico do Junípero de Pérolas de Cristal, no segundo dia do último mês do outono no Ano da Cobra.

SELO DE TESOURO. §

SELO DE OCULTAÇÃO. §

SELO DE CONFIANÇA. §

15
O TESOURO DA CAVERNA DE CRISTAL DO LÓTUS

As Instruções Diretas de Shri Singha

Quando eu, Guru Padma de Uddiyana,
Tinha oito anos de idade, minha fé despertou.
Eu fui até Guru Shri Singha,
Ofereci presentes e pedi por ensinamentos.

Meu guru disse: "Treine sua mente no Tripitaka." Portanto, na direção leste do Trono Vajra eu estudei os sutras; na direção sul eu estudei o Vinaya; na direção oeste, estudei o Abhidharma; e na direção norte estudei as *paramitas*. Então fui até Shri Singha, ofereci presentes e estudei o Tripitaka completo.

Eu lhe supliquei para me aceitar. Meu guru respondeu: "Filho, primeiro você precisa treinar sua mente nos ensinamentos do mantra secreto."

Assim, no reino de Uddiyana eu estudei as três yogas; no reino de Sahor estudei o Mahayogatantra e a seção da Mente da Grande Perfeição; no reino de Nairanjara estudei Kilaya; no reino de Singha estudei Padma Maheshvara; no reino de Vasudhara estudei Kriya; no reino do Nepal estudei Yamantaka; no reino de Merutse estudei Mamo; no Trono Vajra estudei as oito sadhanas dos herukas; e no reino de Lantsha estudei Guhya Samaja, consistindo das quatro seções dos tantras pai e mãe.

Tendo realizado todos os fenômenos como sendo simplesmente oníricos, ilusórios, irreais e falsos, fui até o guru que estava expondo o Darma a uma audiência de 5.500 pessoas, incluindo alguns reis. Quando cheguei, Guru Shri Singha disse: "O que você quer, noviço?"

Eu respondi: "Estudei os ensinamentos do mantra secreto extensamente. Agora eu gostaria de receber seus ensinamentos."

Guru Shri Singha disse: "Você é um homem sábio que primeiro estudou o Tripitaka e depois estudou o mantra secreto. Que se disperse esta assembleia."

E ele continuou: "Você compreende que todos os fenômenos são falsos, mas isto não ajuda em nada. Esta compreensão - de que tudo é como um sonho, ilusório, irreal e falso - deveria ser assimilada em seu ser. Sem tomá-la no coração isto se torna apenas superficialidade, não resulta na iluminação."

Eu disse: "Se é assim, então, por favor, dê-me um ensinamento para tomá-la em meu coração."

O guru respondeu: "Primeiro, faça uma oferenda de mandala!"

Eu fiz uma mandala de uma medida de ouro em pó e ofereci a ele.

Shri Singha disse: "Agora, fique diante de mim. Mantenha seus pés na posição das pernas cruzadas, suas mãos em equanimidade e sua coluna ereta. Este é o ponto chave do corpo.

"Direcione seus olhos para a expansão do céu. Este é o ponto chave dos canais.

"Constrinja o vento inferior e suprima o vento superior. Este é o ponto chave dos ventos.

"Visualize um E de um bindu vermelho no *nirmana-chakra* no centro do umbigo. Visualize um bindu branco de um BAM no *mahasukhachakra* do centro da coroa. Este é o ponto chave do bindu.

"Foque a sua mente no BAM sendo derretido pelo fogo intenso do E, depois que os bindus branco e vermelho se unem no *dharma-chakra* do centro de seu coração. Este é o ponto chave da mente.

"Permita que os bindus branco e vermelho se tornem menores e menores e, finalmente, não sustente coisa alguma em sua mente. Este é o ponto chave da iluminação perfeita e completa."

Pratiquei desta forma e algumas experiências surgiram, tais como não sentir o corpo, não sentir a inalação e exalação da respiração, a sensação de poder mover-se sem obstáculos através das aparências, e a sensação de ser imortal. Quando estas experiências aconteceram, me senti orgulhoso e as relatei ao guru.

O guru disse: "É extremamente tolo ter orgulho por ser tocado pelas bênçãos de um mestre e considerar isto como suficiente. Agora vá para um local solitário e não crie qualquer tipo de fabricações mentais."

Fui para um local solitário e por um ano tentei não criar quaisquer fabricações mentais. Algumas experiências surgiram, tais como a sensação de que "Vacuidade é aparência! Aparência é vacuidade! Aparência e vacuidade são indivisíveis! Não há dualidade em relação a budas e seres sencientes! Não haverá ação negativa cometida mesmo se eu me entregar a ações não virtuosas! Não haverá benefício mesmo se eu me dedicar às dez virtudes!"

Considerando-as como satisfatórias, eu as relatei ao guru. Ele disse: "É tolice estar satisfeito com a prática de meditação.

"Se você pensa que aparência e vacuidade são indivisíveis, deveria estar desapegado das aparências. Você está?

"Se você pensa que budas e seres sencientes são indivisíveis, deveria honrar e servir os seres sencientes da mesma forma como faria com os budas. Você o faz?

"Se você pensa: 'Eu não sofrerei amadurecimentos

cármicos mesmo se me engajar nas dez ações não virtuosas', deveria ser capaz de aceitar as dez ações não virtuosas dos outros em relação a você - mesmo que isto possa resultar em sua morte. Você consegue fazer isto?

"Se você pensa: 'Mesmo que eu me dedicasse às dez virtudes não haveria benefício', então deveria não sustentar qualquer sensação de alegria quando é beneficiado pelos outros que estão praticando as dez virtudes - mesmo que a sua própria vida seja salva. Você sustenta?

"Agora, vá novamente para um local solitário e deixe que seu corpo permaneça como um cadáver, permita que sua fala seja como a de um mudo e permita que sua mente permaneça como o céu."

Então eu fui para um local solitário e pratiquei dessa forma, a partir da qual oito experiências surgiram:

Uma experiência de clareza, totalmente lúcida sem face interna ou externa, manifestando-se como estado desperto e vacuidade sem diferenciações, quer meus olhos estivessem abertos ou fechados.

Uma experiência de vacuidade, totalmente aberta e vazia sem fixação ao interno ou ao externo, e com a mente não repousando em qualquer tipo de coisa.

Uma experiência de bem-aventurança que era como derreter manteiga e se tornou totalmente livre e estimulante, sem o pensamento de ter um corpo ou uma mente.

Um estado sem fixações às várias percepções sensoriais, porém ainda maculado pela ausência mental.

Um estado desperto como o sol brilhando no céu.

Uma experiência de todo o corpo ser como névoa, carecendo tanto de objeto quanto de substância de ação física. Um sentimento de não reconhecer nem a si mesmo nem os outros.

Um sentimento de que todos os seres sencientes precisam estar conscientes do significado da essência da mente na mesma medida que eu.

Encantado com estas experiências, eu as relatei ao guru. Ele disse: "Há três ocasiões na Grande Perfeição: a ocasião da presença espontânea, a ocasião do estado inconcebível, e a ocasião da grande bem-aventurança. Destas três, suas experiências são a ocasião da presença espontânea. Depois de permanecer em um estado de frescor, o estado inconcebível e a grande bem-aventurança se manifestarão.

"O samsara é enganoso e a mente é crédula! Não se apegue à experiência de meditação, mas expanda sua mente."

"Como se espera que alguém expanda a própria mente?" perguntei.

Guru Shri Singha respondeu: "Não há diferença entre budas e seres sencientes além do escopo de suas mentes. Aquilo que é chamado de mente, consciência ou mente primordial, é de uma única identidade. A mente de um ser senciente é limitada, a mente de um buda tudo permeia. Assim, desenvolva um escopo mental que seja como o céu, que não possui limites a leste, oeste, norte ou sul."

Então eu fui para um local solitário e desenvolvi um escopo mental que era como o espaço, a partir do qual estas convicções surgiram:

"Esta mente sem qualquer projeção ou dissolução de pensamentos, permanecendo exatamente como é posicionada, é um estado desperto e vacuidade totalmente unifocados. É exatamente isto o que se chama de foco único."

"Esta mente é uma ausência completa de fixações a coisas substanciais - uma abertura total na qual a mente não repousa em qualquer tipo de coisa. É exatamente isto que se chama de simplicidade."

Um sentimento de: "O que mais pode haver? Para qualquer direção que eu olhe, é o mesmo! Não há nada a abandonar ou a realizar! É exatamente isto que se chama de sabor único."

Um sentimento de: "O que mais há para buscar? Isto é o que há, quer se medite ou não! Não há absolutamente nada a praticar! Não há coisa alguma a ser cultivada pela meditação! É exatamente isto que se chama de não meditação."

Então eu tive poderosas experiências de compreensão:

Não pode haver nada além disto!

Os dois corpos da forma (rupakaya) se originam do dharmakaya. Assim, estas múltiplas manifestações de visões e sons são como a chama e sua luz!

Não há um impulso precedente para a inalação e a exalação da respiração!

Sem criar coisa alguma, as múltiplas expressões ainda se manifestam!

Isto é imutável como a essência do espaço!
Não ocorre nem mesmo a menor mente dualista!
É exatamente isto!

Eu tive experiências de sentir uma vívida clareza, uma pureza total, uma abertura completa, que tudo permeia - totalmente abrangente, totalmente livre e completamente difusa. A experiência de clareza era como o sol elevando-se no céu; a experiência de vacuidade era como o espaço; e a experiência de bem-aventurança era como o oceano. Eu tive uma variedade de experiências que eram como ondas no oceano ou como nuvens no céu.

Quando elas ocorreram, eu as relatei ao guru. Guru Shri Singha disse: "A condição natural das coisas é desprovida de algo a ser experienciado. Portanto, o que você está experienciando? O que é aquele que experiencia? O que o deixa tão exultante? De minha parte eu não experiencio coisa alguma. Terá você alcançado algo superior a isto?

"As suas experiências são uma realização diferente daquela dos budas dos três tempos. A fixação a uma experiência deveria ser reconhecida como estar sendo seduzido por Mara.

"Todas as suas experiências são elaboradas e resultam da fabricação. Elas ainda vêm e vão. Elas não o ajudarão a lidar com dificuldades. Elas nada mais são que um cobertor de bons conceitos. Você não desatou o nó do pensamento conceitual. Isto é como ter uma doença latente internamente. Você pode se sentir bem-aventurado no presente, mas isto não ajudará. Como você ainda não penetrou na essência, o zumbi da confusão ainda vaga por aí.[45]

"Se considera a experiência de meditação como suprema, você não poderá determinar a visão enquanto estiver imerso em conceitos. Se você se deixar fascinar mesmo por uma fração de samadhi - pensando que não há nada mais elevado - e considerá-lo como a perfeição do samadhi, não atravessará a atividade do pensamento conceitual. Você não extinguirá as camadas da experiência meditativa e a sujeira da ignorância não será purificada.

"Para cada experiência de meditação há uma fascinação temporária. Percebendo-as como sendo a única verdade, você se deixou obscurecer. Ao obscurecer a realidade que é absolutamente livre de apego e transições, o exemplo de apego e transições transformou esses seus resultados bem-aventurados em nada além de desvios.

"Se você se fixar à clareza e a considerar como o que há de mais elevado, alcançará o estado mais elevado no reino da forma. Se você se fixar à experiência de vacuidade da ausência de pensamentos e a considerar como a mais elevada, alcançará o estado mais elevado no reino da não forma. Se você se fixar à bem-aventurança e a considerar como a mais elevada, alcançará nada mais que o estado

---

45 Outra versão deste texto é encontrada na coleção de termas revelados por Rigdzin Gödem com o nome *Dzogchen Rangjung Rangshar*. Essa versão difere aqui no trecho: "Você ainda não capturou o trono da estabilidade, e assim a brasa ardente da delusão ainda explodirá em chamas."

mais elevado no reino do desejo. Entretanto, nenhuma delas resultará na realização da iluminação insuperável, o *siddhi* supremo do Mahamudra."

"Se é assim, como eu deveria treinar?" perguntei.

"Manifeste sua mente original, e depois volte para me ver!", ele respondeu.

"Bem, onde eu deveria colocar meus esforços?"

"Todo o seu esforço deveria ser colocado exatamente na ausência de esforços!", ele respondeu.

"Como eu deveria praticar samadhi sem esforços?"

"Nobre filho, não tome as experiências temporárias como sendo as mais elevadas, não se fixe a elas. Não observe objetos e não observe a mente. Não se envolva com muitas coisas e não dê nascimento a desejos. Não cultive necessidades e não dê ouvidos ao desespero. Deixe sua mente exatamente como ela é. Permita que repouse como o centro do espaço", ele disse.

Então eu fui para um local solitário e pratiquei exatamente como ele me disse. Minhas experiências anteriores se transformaram em nada mais que camadas de conceitos e foram completamente extintas. Eu realizei a mente natural, totalmente não obscurecida por quaisquer defeitos ou virtudes - absolutamente livre de uma base de qualquer coisa sobre o que meditar ou qualquer coisa que gere confusão. Compreendi que se essa mente natural fosse cultivada, absolutamente nada seria produzido; e se não o fosse, não haveria confusão. Eu a compreendi como sendo a mente natural livre de qualquer defeito - desnuda, estado desperto vívido. Ao realizar esta abertura absoluta, totalmente fresca, do mesmo sabor de todos os fenômenos do samsara e do nirvana, eu a relatei ao guru.

O guru disse: "A natureza original, o não composto dharmakaya, é exatamente esta mente natural pura e desnuda desprovida de algo a ser cultivado ou de algo que cause confusão. Agora, não se obscureça com desejos adicionais! Traga o velho dono das paixões para o estado de ausência de desejos!

"Ao sustentar um estado conhecido como *nunca cultivando e nunca separado, nunca separado da natureza além do cultivo*, você alcançará os siddhis comuns e o supremo. Agora, há mais alguma coisa que o incomode?"[46]

"Não há nada que me incomode, visto que eu não tenho falhas ou arrependimentos em relação ao meu samaya", respondi.

"Você está insatisfeito?"

"Estou apenas um pouco insatisfeito", respondi.

"Se estiver insatisfeito, você guardará esperanças. Se estiver satisfeito, você terá medos. Se tiver esperanças e medos, terá fixações dualistas. Isso impedirá a sabedoria não dual de grande bem-aventurança, a fruição imaculada. Sem pensar que isto é uma falha ou uma virtude, mantenha a prática da não dualidade. De agora em diante, apenas continue sem voltar para me ver!"

---

46 A outra versão coloca aqui: "'Agora, você e eu não nos encontraremos mais!', eu disse, 'Eu ainda desejo vê-lo e pedir. 'Você ficará satisfeito em me ver e infeliz se não me encontrar?' 'Eu ficarei exultante se puder apenas encontrá-lo novamente!'"

Então pratiquei na cidade de Uddiyana e não tive o menor pensamento de pedir por ensinamentos, de oferecer minha experiência, de virtude ou não virtude, de bondade ou maldade. Eu simplesmente ia para onde quer que fosse e me sentava como fosse possível sentar, me tornei semelhante a um cadáver.[47]

O guru chegou e disse: "Você não vai se prostrar diante de mim? Não me apresentará sua realização?"

"Isto não é *não* se prostrar, e eu não possuo nem mesmo uma ponta de compreensão para lhe oferecer. Agora isto é como a marca de um pássaro voando no céu", eu respondi.

O guru disse: "Essa realização não pode ser mudada, não a abandone! Sem se separar dessa realização vá aonde quer que deseje. Mantenha sua conduta de acordo com o Tripitaka. Mantenha sua meditação de acordo com o mantra secreto. Mantenha sua visão de acordo com a Grande Perfeição. Satisfaça os objetivos dos seres sencientes como uma joia que realiza desejos. Sustente numerosos discípulos valorosos. Apesar de não ter desejos, sempre faça oferendas aos gurus, yidams e dakinis. Você se tornará alguém que as oito classes de deuses e demônios atenderão como servos." Dizendo isto, ele partiu.

Depois, guardei no coração o fato de que todas as coisas são como um sonho e ilusórias, e que a própria mente está além de nascimento e morte. Tive visões das deidades das oito sadhanas dos herukas, as oito classes de deuses

---

47 A versão *Dzogchen Rangjung Rangshar* apresenta: "Como um cadáver abandonado em um terreno de cremação, eu estava livre de formar quaisquer julgamentos sobre qualquer percepção que surgisse."

e demônios se tornaram meus servos e eu peregrinei por muitas regiões da Índia beneficiando os seres.

Tempos depois, quando [o rei Trisong Deutsen estava] construindo Samye, as oito classes de deuses e demônios estavam causando obstáculos. Eu lhes disse: "Não é bom criar obstáculos, pois a intenção do rei é excelente como o ouro!"

Os deuses e demônios replicaram: "Por que você mesmo não vem até aqui, mestre?"

Assim, eu fui pessoalmente à Terra das Neves, e no caminho encontrei os mensageiros.[48]

Eu, Padma de Uddiyana,
Segui Guru Shri Singha.
Esta, sua instrução final,
Trouxe a liberação a mim, Padma.
Não tendo sido liberado pelo Tripitaka ou
pelo Mantra Secreto,
Eu fui liberado por este ensinamento secreto.
Que todos os seres valorosos também possam ser liberados por ele.
Que esta instrução final e direta
Do Guru Shri Singha
Encontre-se com uma pessoa valorosa que
possui treinamento anterior!

Isto foi ocultado na Caverna de Cristal do Lótus.

---

48 Os mensageiros do rei Trisong Deutsen que foram enviados para convidar Padmasambava ao Tibete.

Eu o confio a você, Shampo,[49]

No caso de uma pessoa sem valor chegar.

Não há uma instrução como esta no mundo.

SAMAYA.

SELO, SELO, SELO.

SELO DE CONFIANÇA.

SELO DE SEGREDO.

ITHI.

---

49 Daklha Shampo é um dos espíritos nativos do Tibete que jurou guardar os ensinamentos de tesouro de Padmasambava.

Fontes

Ciclo Lama Gongdü, v. CA, é o quinto de um conjunto reproduzido do conjunto xilografado de Dudjom Rinpoche. Gangtok: Sonam Topgay Kazi, 1972. (Ngagyur nyingmay sungrab; v. 44-56).

Rinchen Terdzöd, edição de um conjunto publicado por Dilgo Khyentse Rinpoche (com Ngodup e Sherab Drimay), Delhi, 1976-1980.

1. "Conselho sobre como praticar as instruções profundas."
Traduzido de "Sem Título", de Nyang Ral Nyima Özer. *Martri*, no *Rinchen Terdzö*, v. 92, p. 207-208.

2. "O estado desperto autoliberado: As instruções diretas para o Mahamudra."
Traduzido de *Phyag rgya chen po´i dmar khrid ye shes rang grol*, no *Rinchen Terdzö*, v. 55.

3. "As 21 instruções essenciais."

Traduzido de *Gnad kyi gdams pa gnyis shu rtsa gcig*, de Nyang Ral Nyima Özer. *Martri*, no *Rinchen Terdzö*, v. 92, pag. 494-509. Corresponde grosseiramente ao *Ciclo Lama Gongdü*, v. CA, p. 831-842.

4. "A instrução 'Apontando para a Velha Senhora'."

Traduzido de *Rgan mo mdzub btsugs kyi gdams pa*, de Nyang Ral Nyima Özer. *Martri*, no *Rinchen Terdzö*, v. 92, p. 467-474.

5. "Descer mantendo a visão superior."

Traduzido de *Lta ba yas phub kyi zhal gdams*; ou *Lta ba klong 'byams yas 'bub kyi zhal gdams*, no *Rinchen Terdzö*, v. 92, p. 405-418. Corresponde grosseiramente ao *Ciclo Lama Gongdü*, v. CA, p. 703-712, e à edição copiada à mão do *Ciclo Lama Gongdü* da coleção TBRC, v. 1865, p. 398 ff.

6. "A Guirlanda de Cristal da prática diária."

Traduzido de *Bla ma dgongs pa 'dus pa las rdzogs rim phyag rgya chen po klong yangs mtha' bral thugs gter rin po che gsang ba'i sgrom bu las nyams len rgyun khyer shel gyi 'phreng ba rgyun khyer gyi gdams pa dper don zung 'brel lo i thi*, no *Ciclo Lama Gongdü*.

7. "A Preciosa Guirlanda Dourada de instruções de meditação."

Traduzido de *Sgom khrid rin chen gser phreng go skor*,

de Nyang Ral Nyima Özer. *Martri*, no *Rinchen Terdzö*, v. 92, p. 509-544. Corresponde grosseiramente ao *Ciclo Lama Gongdü*, v. GA, p. 786-814.

8. "O ciclo de pontos essenciais."

Traduzido de *Gal po che gnad kyi zhal gdams* e *Gal po che gnad kyi gdams pa zab*, em *Snying gtam bka´ rgya´i skor* e *Gal po che gnad kyi gdams ngag gtad rgya´i skor. Ciclo Lama Gongdü*, v. CA, p. 712-725. Também encontrado no manuscrito copiado à mão alternativo do *Ciclo Lama Gongdü* guardado por TBRC, v. 1865, p. 404 ff.

9. "Conselho para combinar desenvolvimento e consumação, as práticas dotadas e desprovidas de conceitos." Traduzido de *Bskyed rdzogs zung ´jug gi gdams pa*, de Nyang Ral Nyima Özer. *Martri*, no *Rinchen Terdzö*, v. 92, p. 203-207.

10. "Instrução para mulheres sobre como atingir a iluminação sem abandonar as atividades diárias." Traduzido de "Sem Título", de Nyang Ral Nyima Özer. *Martri*, no *Rinchen Terdzö*, v. 92, p. 474-494.

11. "Iniciação da manifestação da Mente Primordial." Traduzido de *Kun bzang dgongs pa zang thal gyi rig pa rtsal gyi dbang gi ´grel ba*, no *Ciclo Gongpa Zangtal*, v. PI, p. 301-323.

12. "Sinais e níveis de progresso."

Traduzido de *Chig chod kun grol gyi rtags tshad kyi yi ge*, de Nyang Ral Nyima Özer. *Martri*, no *Rinchen Terdzö*, v. 88, p. 353 ff.

13. "Conselho para alcançar a iluminação no momento da morte"

Traduzido de *Gsang sngags kyi gseb lam: sdig po che sngon la sangs rgya ba'i man ngag*, de Nyang Ral Nyima Özer. *Martri*, no *Rinchen Terdzö*, edição de Dilgo Khyentse, v. 92, p. 191-200. Corresponde grosseiramente ao *Ciclo Lama Gongdü*, v. CA, p. 822-831.

14. "Os cinco bardos."

Traduzido de *Khrul gzhi rtsad gcog kyi skor*, de Nyang Ral Nyima Özer. *Martri*, no *Rinchen Terdzö*, v. 92, p. 435-450.

15. "O tesouro da Caverna de Cristal do Lótus: As instruções diretas de Shri Singha."

Traduzido de *Padma shel phug gi gter ma: shri singha'i dmar khrid*, de Nyang Ral Nyima Özer. Manuscrito original copiado à mão, *Jomo Shulen*. Biblioteca Real Dinamarquesa.

❈

Que muitos seres sejam beneficiados.

☸

Para maiores informações sobre lançamentos
da Lúcida Letra, cadastre-se em www.lucidaletra.com.br

Este livro foi composto com as fontes Calibri e
Valentina, e impresso na gráfica PSI7,
em junho de 2023.